14살에 시작하는
처음 동양 고전

| 일러두기 |

1. 이 책에 나오는 고전의 원문은 책 뒷부분에 밝힌 참고 도서를 바탕으로 저자가 번역 또는 평역한 것입니다.
2. 중국 인명은 한국식 한자음대로 표기하였습니다.
3. 중국 지명은 한국식 한자음으로 적되, 현재 지명과 동일한 것은 괄호 안에 중국어 표기법에 따른 표기를 병행하였습니다.

14살에 시작하는

처음 동양 고전

웹툰보다
재미있는
고전 읽기라니!
말이 돼?

명로진의 유쾌한 고전 읽기 1탄

명로진 지음 | 서은경 그림

북멘토

꽃다운 청소년 독자들에게

공부하기 좋은 나이입니다. 여러분 나이는 멋지기도 좋고, 방황하기도 좋지요. 아니, 이렇게 말할게요. 방황해도 멋지고 안 해도 멋지고, 공부해도 멋지고 안 해도 멋져요. 그저 숨만 쉬고 있어도 멋지죠. 결론은 지금 여러분이 아주 잘 살고 있다는 거예요.

공부도 힘들고 고민도 많은데 잘 살고 있다니, 안 믿겨진다고요? 저 역시 청소년 시절에는 많이 방황하고 고민하고 또 울기도 했어요. 그런데 어른이 되어 좀 살다 보니 그 시기가 너무 아름답다는 걸 알게 되었답니다.

여러분 나이 때에 왜 공부를 하는지 생각해 본 적이 있나요? 그때는 책을 한 번만 읽어도 기억이 잘되기 때문이에요. 이 시기에 뇌가 아주 활발하게 발달하거든요. 지금 저는 책을 여러 번 읽어야 겨우 기억할까 말까 해요. 그에 반해 여러분 나이 때에는 기억 장치가 쌩쌩하니 공부하기에 딱 좋죠.

특히 청소년 시기에는 인문학 책을 읽어 두면 좋아요. 인문학人文學은 사람 인人, 글월 문文, 배울 학學으로 이루어져 있어요. 이때 글월 문文에는 스물다섯 가지 뜻이 들어 있어요. 글월, 어구, 글자, 서적, 채색, 무늬, 학문, 법도, 현상, 결, 얼룩, 아름다움, 몸에 새기다, 꾸미다 등등. 이 많은 뜻 가운데 어떤 뜻으로 해석해야 할까요? 저는 '무늬'를 택하겠습니다.

인문학이란 한마디로 '사람에 대한 공부'입니다. 이것을 좀 더 멋지게 표현하면 '사람의 무늬를 배우는 학문'이라고 할 수 있어요. 우리에게 어떤 무늬가 있는지 한번 알아보기로 해요. 호랑이 무늬인지, 강아지 무늬인지, 아니면…… 외계인 무늬인지.

이 책에는 동양 사상의 바탕을 이루는 인문학 고전 열 권의 이야기가 들어 있어요. 흔히 '동양 고전'이니 '인문학'이니 하면 어렵다고 생각하는데, 사실 굉장히 재미있어요. 그 재미를 혼자 맛보기 억울해서 여기에 풀어 놓습니다. 한번 읽어 보세요. 그런데 읽다 보면 너무 재미있어서 "풉!" 하고 뿜을지도 몰라요. 옆에 있는 친구를 쿡쿡 찌를지도 몰라요. "이 책 쓴 사람 개그맨이야?"라고 할지도 몰라요. 미리 말하는데, 무슨 일이 생겨도 난 책임 못 집니다. 그리고 존댓말은 여기까지입니다.

2019년 봄의 한복판에서

명로진

1

『사기』

자존심과 맞바꾼 최고의 역사서

『사기史記』는 사마천司馬遷이 쓴 역사책이야. 사마천은 지금부터 약 2천 년 전 중국 한漢나라 사람으로, B.C. 145년에 태어나서 B.C. 86년에 세상을 떠났어. 이때 황제는 한무제라는 사람이었는데, 많은 공을 세우긴 했지만 성격이 불같고 변덕이 심했어. 이거 왠지 불안하지?

사마천의 아버지 사마담은 무제 밑에서 태사령을 맡고 있었어. 태사령은 황제가 궁금한 걸 물어보면 답을 알려 주고, 황제 도서관의 책을 관리하며 별자리를 관측하는 관직이야. 당연히 아주 똑똑한 사람이 맡지. 이때는 아버지가 태사령을 하다 죽으면 아들이 그 일을 이어서 했어. 아버지가 똑똑하다고 아들도 꼭 똑똑한 건 아니라고? 뭐, 그건 그렇지…….

사마천이 서른다섯 살 때 아버지 사마담이 세상을 떠나면서 이렇게 유언을 남겼어.

"아들아, 내가 죽으면 너는 태사령이 될 것이다. 나는 역사를 다 쓰지 못했다. 태사령이 되거든 나의 뜻을 이어서 우리나라 역사책을 완성하여라. 효도란 어버이를 섬기는 것에서 시작되어 그 이름을 후세에 남김으로써 끝나는 것이다."

예나 지금이나 부모님은 똑같지? 자식에게 꽉꽉 부담 주기! 자기가 못다 이룬 꿈 자식에게 미루기! 이게 부모님의 역할 중 하나인가 봐. 사마천은 "아버님! 왜 아버님이 할 일을 저에게 미루시나요?"라고 말하고 싶었지만 효자라서 꾹 참았어. 그리고 4년 뒤에 아버지의 유언대로 역사책 『사기』를 쓰기 시작하지.

사마천이 마흔일곱 살 때인 B.C. 99년, 한나라 이릉 장군이 북쪽의 흉노인과 전쟁하다 항복을 했어. 한무제는 엄청 화를 내면서 이릉을 욕했는데, 사마천이 눈치 없이 "이릉 장군이 항복한 것은 다 이유가 있을 것입니다."라고 한 거야. 한무제는 사마천을 괘씸히 여겨서 벌을 내렸어. 그 벌이 뭐냐면, 사형 아니면 벌금 아니면 궁형! 셋 중에 죄인이 선택할 수 있었는데, 사마천은 궁형을 택했어. 궁형이란 생식기가 잘리는 벌이야. 세상에! 뭐 이런 끔찍한 벌이 다 있어? 도대체 왜 사마천은 궁형을 선택했을까?

1. 벌금을 내기 싫어서
2. 남자로 살기 싫어서
3. 쓰고 있던 역사책을 완성하려고

정답은 3번. 사마천은 벌금 50만 전을 낼 돈이 없었어. 지금으로 치면 수억 원의 액수였거든. 로또에 당첨될 리도 없으니(그때는 로또가 있지도 않았어.) 사형 아니면 궁형을 당해야 했지. 둘 중에서 궁형을 택한 건 목숨이 아깝거나 트랜스젠더가 되려고 그런 게 아니야. 역사책을 완성하라는 아버지 말을 지키려고 할 수 없이 궁형

을 선택한 거야. 궁형을 당한 뒤 사마천은 사람들의 비웃음을 샀지
만 치욕을 참아 가며 책을 썼어. 그렇게 14년 동안 열심히 써서 『사
기』를 완성하고 3년 뒤에 세상을 떠났지.

사마천이 쉰세 살 때 친구인 임안에게 편지를 보냈는데, 이런 말
을 해.

"제가 말을 잘못해 화를 당하고 고향에서 웃음거리가 되었고, 돌
아가신 아버님을 욕되게 했으니 저승에서 무슨 면목으로 부모님을
뵙겠습니까? 하루에도 아홉 번이나 장이 뒤틀리고, 집에 있으면 정
신을 잃은 듯 멍하며, 밖으로 나가도 어디로 갈지 몰라 서성입니다.
이 치욕을 생각할 때마다 매번 등줄기에서 식은땀이 흘러 옷을 적십

니다……."

궁형을 당하고 치욕 속에 살아가는 이의 괴로움이 느껴지지? 사마천은 또 이렇게 말해.

"하늘과 인간의 관계를 탐구하고 과거와 현재의 변화에 달통하여 감히 대가의 글을 이루고자 했습니다."

아마도 이게 사마천이 『사기』를 완성한 진짜 이유일 거야. 살면서 꼭 하고 싶은 일이 있고 그 일을 잘해 내서 대가가 된다면 정말 멋지겠지? 대가의 글은 어떤 것일까? 아마도 인문학적인 글이겠지. 그럼 인문학적인 글은? 사람[人]의 무늬[文]가 느껴지는 글일 거야.

딱 한 번 읽고 이해하는 중국 역사

중국의 역사는 '천하 통일 ⋯▸ 엉망진창 ⋯▸ 천하 통일 ⋯▸ 엉망진창'을 반복해 왔어. 중국 전체가 하나의 나라였을 때는 '천하 통일' 시대, 여러 나라로 갈라져 서로 싸우고 있을 때는 '엉망진창' 시대지. 아, '엉망진창' 시대는 내가 붙인 이름이야.

🦑 B.C. 2000년쯤부터 B.C. 1600년까지 하夏나라가 있었다고 해. 하 왕조의 유적이 아직 발굴되지 않아 추측만 하고 있지만 말이야. B.C. 1600년쯤부터 B.C. 1046년까지는 상商나라가 있었어. 상

나라는 은殷이라는 곳에 서울이 있었기 때문에 은나라라고도 해. B.C. 1046년부터 B.C. 770년까지는 주周나라 중 서주西周 나라가 있었지. 하-상-서주 나라까지는 천하가 하나의 나라였어. 문제는 그다음부터야.

♠ B.C. 770년에 주나라가 동쪽으로 수도를 옮기면서 춘추 전국 시대가 시작돼. 동쪽의 주나라라고 해서 동주東周 시대라고 하지. 동주 시대 전반기가 춘추 시대, 후반기가 전국 시대야. 이때부터 B.C. 221년까지 551년 동안은 여기저기 나라가 들어서서 서로 싸우고 난리가 나. 첫 번째 엉망진창의 시대야. 하지만 중국 역사에서 가장 중요한 시기야. 공자, 맹자, 장자 같은 위인들이 바로 이 시기에 활약했거든.

♠ B.C. 221년에 진秦나라 시황제가 전국을 통일해. 시황제는 백성을 너무 가혹하게 다루었기 때문에 각 지역의 영웅들이 반란을 일으켰지. B.C. 206년에는 유방이 항우를 물리치고 한漢나라를 세워. 진·한 시대는 두 번째 천하 통일의 시대야.

♠ 서기 220년에 한나라가 무너지고 265년까지 위·촉·오의 삼국 시대가 열려. 265년부터 589년까지는 위진 남북조 시대라고 해. 남과 북에 수많은 나라가 일어났다 망하는 두 번째 엉망진창의 시

대지.

♠ 589년부터 618년까지는 수나라 시대, 618년부터 907년까지는 당나라 시대란다. 세 번째 천하 통일의 시대야.

♠ 907년부터 960년까지는 5대 10국 시대라고 해서 여러 나라가 치고받고 싸웠어. 960년부터 1279년까지는 송나라가 있었어. 이때 중국 북쪽에서는 거란족의 요나라(916년~1125년)와 여진족의 금나라(1115년~1234년)가 나타났다 사라졌지. 세 번째 엉망진창의 시대라고 할 수 있어.

♠ 1279년 원나라가 송나라를 완전히 물리치면서 몽골인의 시대가 열려. 1368년부터 1644년까지는 명나라 시대야. 1644년부터 1911년까지는 청나라였고, 1912년에 민주주의를 원하는 중국 국민들이 중화민국을 세우지. 국민당과 공산당이 잠시 내전을 치른 뒤에 공산당이 이기고 1949년에 중화 인민 공화국을 건국하면서 지금까지 이어져 오고 있어. 1279년부터 지금까지 크게 보면 네 번째 천하 통일 시대라고 할 수 있지. 그럼, 다음에 올 시대는 뭘까?

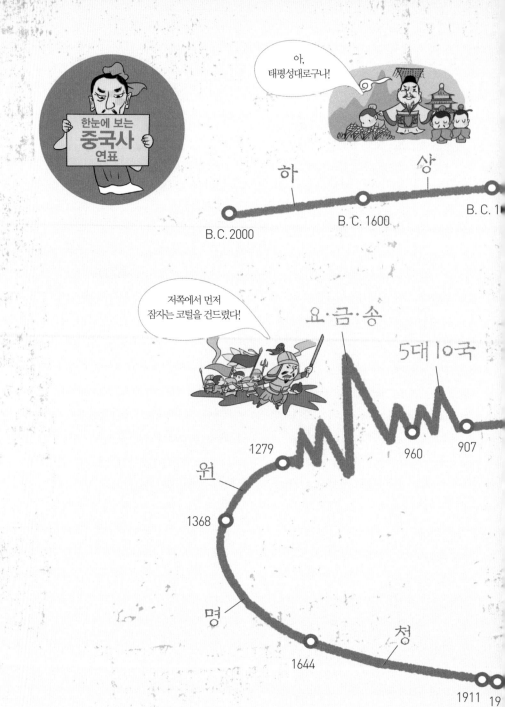

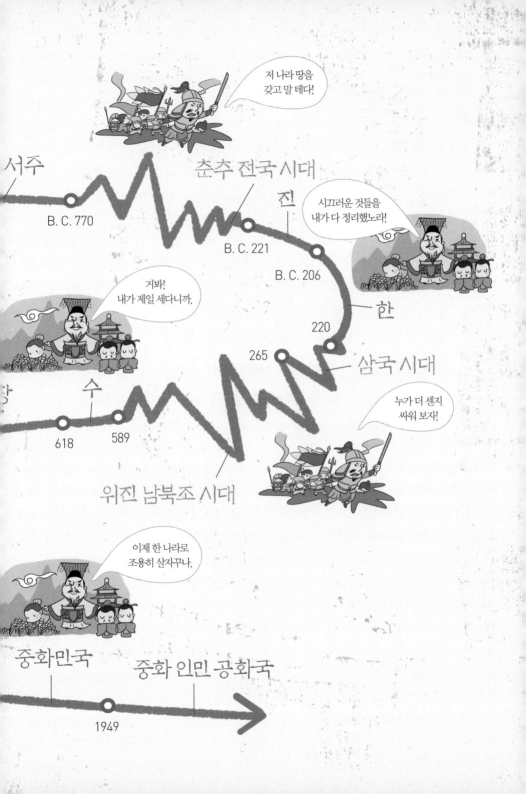

　사마천은 중국 고대 전설상의 임금 황제 때부터 한나라 무제 때까지 역사를 썼어. 사마천은 한나라 사람이니까 당연히 그 이후의 역사는 쓸 수 없었지. 『사기』라는 책이 훌륭한 이유는 첫째, 사마천이 글을 재미있게 썼기 때문이야. 둘째, 사마천은 옳은 것은 옳다, 그른 것은 그르다라고 썼어. 하지만 아무리 옳고 그른 것을 정확하게 지적해도 지루하면 사람들이 읽지 않겠지. 생각해 봐. 교장 선생님 훈화 말씀이 지당하지만 귀에 잘 들어오지 않잖아. 재미없기 때문이야. 사마천은 뛰어난 역사학자였지만 또 탁월한 작가였어.

　예를 들어 볼게. 어지러운 춘추 전국 시대 말기에 중국에는 일곱 나라가 있었어. 진, 한, 위, 조, 제, 초, 연 나라였지. 이중 진秦나라가 가장 힘이 셌어. (춘추 전국 시대에는 진晉, 진陳 나라 등이 있어서 한문으로 구별해야 해. 지금 말하는 진나라는 진시황의 진나라야. 어떤 학자는 이걸 구분하기 위해 진시황의 진나라를 '찐'나라라고 표기하기도 해. 삶찐 나라? 삶지 않고 찐 나라? 그냥 진나라라고 하자.) 나머지 여섯 나라는 힘을 합쳐 진나라에 대항할지, 아니면 협조할지 고민했지. 이때 소진이란 사람이 여섯 나라를 돌면서 왕들에게 "힘을 모아 진나라와 싸웁시다."라고 설득했어. 이 장면에 대해 다음 두 역사책의 서술을 비교해 볼까?

증선지가 쓴 『십팔사략』

진나라 왕은 다른 나라 왕들을 협박해서 땅을 떼어 달라고 했다. 이때 낙양 사람 소진이 조나라에 가서 왕을 설득했다.

"여러 나라의 군대를 모으면 진나라 군대의 열 배나 됩니다. 힘을 합해 서쪽으로 진나라를 공격하면 반드시 물리칠 수 있습니다. 대왕을 위한 계책으로는 지금 여섯 나라가 동맹하여 진나라를 대하는 것보다 더 나은 것이 없습니다."

조나라 왕은 그 말이 맞다고 여겨서 소진에게 돈을 주어 다른 나라의 왕을 설득해 동맹을 맺게 했다. 소진은 조나라 왕에게 한 말과 비슷한 이야기를 다른 나라 왕에게 했다.

"닭의 머리가 될지언정 소의 꼬리가 되지 말라."

이렇게 해서 여섯 나라는 힘을 합쳤다.

『사기』 중 「소진 열전」

진나라가 위협이 되자 소진은 조나라 왕에게 가서 말했다.

"지금 대왕께서 진나라에 협조하시면 진나라는 반드시 한나라와 위나라를 약하게 할 것입니다. 한나라와 위나라는 조나라의 이웃이니, 두 나라가 약해지면 조나라도 위험해집니다. 저는 대왕을 위해 이를 걱정하고 있습니다. 조나라는 강한 나라입니다. 땅이 사방

2천 리에 병사가 수십만이고 전투 수레가 천 승이며 전투용 말이 만 마리에 몇 년 치 식량이 있습니다.

저는 이렇게 들었습니다. 요임금과 순임금은 작은 땅도 없었지만 천하를 얻었고, 우임금의 마을에는 인구가 백 명도 되지 않았지만 왕이 되었으며, 탕왕과 무왕은 수레가 3백 승도 못 되고 군사가 3만 명이 못 되었지만 천자가 되었다고 말입니다. 그러므로 현명한 군주는 적의 강하고 약함을 알고 자기 군사의 지혜롭고 어리석음을 헤아려 모든 일을 결정해야 합니다.

조나라의 이웃이 진나라의 공격을 받으면 조나라도 위험해집니다. 그러므로 대왕께서는 한, 위, 제, 초, 연나라와 하나로 뭉쳐 가깝게 지내면서 진나라에 대항하는 것이 가장 좋습니다. 이렇게 되면 대왕께서 천하를 호령하실 수 있을 것입니다."

조나라 왕이 이야기를 듣고 말했다.

"과인이 나이가 어리고 즉위한 지 얼마 되지 않아 지금까지 우리 나라를 잘 보존할 수 있는 계책을 들어 보지 못했소. 지금 그대의 말을 들으니 깨닫는 바가 있소. 이제 과인은 우리 백성과 함께 그대를 따르겠소."

소진은 또 한나라 왕에게 가서 이야기했다.

"대왕은 땅을 주고 진나라를 섬기려 하십니까? 올해 땅을 주면 내년에 또 땅을 달라 할 것이고, 매번 땅을 떼어 주다 보면 더 이상 줄 땅이 없어질 것입니다. 그러다 보면 싸워 보지도 못하고 한나라 땅은 모두 없어지게 됩니다. 저는 '닭의 머리가 될지언정 소의 꼬리는 되지 말라.'는 말을 들었습니다. 지금 대왕이 두 손을 모아 절을 하며 진나라의 신하가 된다면 소의 꼬리와 무엇이 다르겠습니까? 대왕처럼 똑똑한 분이 소의 꼬리라는 소리를 듣는다면 저는 매우 부끄러울 것입니다."

한나라 왕은 갑자기 얼굴빛이 변하여 팔을 걷어붙이고 눈을 부라렸다. 그리고 칼을 뽑을 듯 어루만지면서 하늘을 보고 크게 탄식하며 말했다.

"아! 과인이 비록 부족하지만 어찌 진나라를 섬기겠소. 지금 그대가 나를 깨우쳐 주니 삼가 따르겠소."

어때? 같은 사건이지만 사마천의 이야기가 더 재미있지 않니? 그래서 사람들이 『사기』를 오랫동안 읽어 온 거야. 깊은 의미도 있으면서 읽는 재미도 있으니까. 더 어렵게 말하자면 '역사적 사실을 실감 나게 형상화했다.'라고 할 수 있지. 한마디로 역사의 장면 장면이 눈에 보이듯 술술 읽힌다는 거야.

어떤 학자들은 "『사기』에는 사마천이 지어낸 이야기도 있다."라면서, 마치 『사기』가 사람을 속이는 사기詐欺인 것처럼 말하기도 해. 하지만 그렇게 말하면 사마천이 섭섭할걸? 『사기』는 사마천이 역사적인 사실을 철저하게 연구해서 쓴 책이거든. 다만 사실과 사실 사이의 공백은 '작가적 상상력'으로 메웠지. 예로 들었던 글에서 소진이 조나라 왕에게 이야기할 때 설마 사마천이 그 옆에서 들었겠어? 이런저런 자료를 보고 사마천이 사실에 가깝게 상상해서 서술한 것이지.

중국 역사에서 가장 중요한 역사책

이제 『사기』라는 책의 구성을 알아볼까? 『사기』는 「본기」, 「표」, 「서」, 「세가」, 「열전」의 다섯 부분으로 이루어져 있어.

1. 본기: 제왕에 대해 기록한 것. 주나라, 진나라, 한나라 같은 왕조를 세우고 다스린 왕과 황제에 대한 기록이야.
2. 표: 시대와 연도에 따라 무슨 일이 있었는지 써 놓은 것.
3. 서: 국가의 중요한 제도에 대해 써 놓은 것.
4. 세가: 제후에 대해 기록한 것. 제후란 「본기」에 등장하는 제왕이 각 지역 국가를 다스리라고 임명한 사람을 말해. '～공'이나, '～왕'이라고 불렀어.
5. 열전: 자객, 명재상, 부자 등 다양한 사람들의 이야기를 모은 것.

『사기』는 '절대 역사서'라고 불려. '절대'라는 말은 아무 책에나 붙이는 게 아냐. 그만큼 중국 역사에서 가장 중요한 역사책이란 거지. 『사기』 중에서도 「열전」은 사마천의 문학적 상상력(뻥치는 능력이라고 할 수 있지.)이 절정에 이른 기록이야.

사마천은 책상에만 앉아서 글을 쓰는 사람이 아니었어. 역사가로서 철저히 고증하려고 했지. 청소년 시절부터 여행을 많이 한 사람답게 취재와 조사를 바탕으로 글을 썼어. 그래서 "태사공(사마천 자신을 가리키는 말)은 이렇게 들었다.", "나는 일찍이 어디에 가서 이러이러한 것을 봤다.", "나는 누구를 만나 직접 이야기를 나눴다."라고 기록하고 있어.

태사공은 말한다. 나는 일찍이 설 땅에 들른 적이 있는데, 그곳에는 난폭한 젊은이들이 많아 추나라나 노나라와는 달랐다. 그곳 사람에게 까닭을 물어보니 이렇게 말했다.

"옛날 맹상군이 천하의 협객과 건달들을 불러들여 그들이 사는 집이 한때 6만여 호에 이르렀는데 그 때문에 이 지경이 된 것입니다."

맹상군이 손님을 좋아하여 스스로 즐겼다는 말이 빈말은 아니구나.

그럼, 『사기』에서 사마천의 문학적 상상력이 발휘된 대목을 소개해 볼게.

맹상군은 B.C. 3세기 제나라 사람이야. 전국 시대를 풍미한 네 사람을 전국 사군戰國四君이라고 부르는데, 제나라의 맹상군, 조趙나라의 평원군, 위魏나라의 신릉군, 초나라의 춘신군을 말해. 이들은 재산이 많고 덕이 있어 각지에서 인재들이 몰려와 의지했어. 이런 사람들을 빈객이라고 했지. 그중에는 성대모사 잘하는 사람과 도둑도 있어서 '계명구도鷄鳴狗盜(닭 울음소리를 내고 개를 흉내 내 도둑질한다는 뜻으로, 하찮은 재주도 쓸데가 있음을 이르는 말. 맹상군이 죽을 위기에 처했을 때 빈객 가운데 개를 흉내 내 도둑질하는 사람과 닭 울음소리를 잘 흉내 내는 사람의 도움으로 위기를 넘긴 일에서 유래한 말이야.)' 같은 사자성어도 생겨났어.

맹상군의 이름은 전문이고, 아버지는 제나라 재상 전영이었어. 전영에게는 처첩이 여러 명 있었고 아들이 40여 명이나 됐지. 전문은 하녀가 낳은 서자였는데 생일이 5월 5일이었어. 당시 5월 5일에 태어난 아이는 아버지를 해롭게 한다는 속설이 있었어. 전영은 첩에게 아이를 버리라고 했지. (아무리 그래도 그렇지. 아빠 맞아?)

전문의 어머니는 아이가 열다섯 살이 될 때까지 몰래 키워. 만약 이 사실이 알려지면 엄마, 아이, 주변 사람 모두 위험해질 수 있는 상황이었지. 그런데 아무도 전영에게 이 사실을 알리지 않았어. 왜? 어머니가 마을 사람들 모두에게 친절했기 때문이야. 이웃에 큰일이나 어려운 일이 생기면 내 일처럼 발 벗고 나서서 도와주니 주변 사람들이 모두 전문의 어머니 편이 되어 비밀을 지켜 준 거야.

전문이 열다섯 살이 되었을 때 어머니는 아버지와 아들을 만나게
해. 이때 아버지 전영이 화를 내며 말하지.

"이 아이를 버리라 했는데 감히 키운 까닭이 뭐요?"

어머니 대신 전문이 머리를 조아리며 말했다.

"아버님께서 5월 5일에 태어난 아들을 키우지 못하게 한 까닭은
무엇입니까?"

전영이 대답했다.

"그 아이의 키가 지게문만큼 자라면 아비를 해친다고 하기 때문
이다."

전문이 또 물었다.

"사람의 운명은 하늘에 달려 있습니까, 지게문에 달려 있습니까?"

"……."

"사람의 운명이 하늘에 달려 있다면 아버님께서는 무엇을 걱정
하십니까? 그렇지 않고 사람의 운명이 지게문에 달려 있다면 지게
문을 계속 높이면 되지 않습니까?"

"그만하거라."

참 똑똑한 청소년이지? 여러분 또래인데 처음 만난 아버지 앞에서
하나도 기죽지 않고 지혜롭게 상황을 넘겼어. 아버지는 속으로 기분

이 좋았을 거야. 자기 아들이 아주 영특했으니까.

며칠 뒤에 소년은 아버지가 한가한 틈을 타서 이렇게 물어. (봐, 『사기 열전』에 이렇게 나와 있어. 아주 중요한 거야. 아버지가 바쁠 때 뭘 물어보면 안 돼. 그러니까 여러분도 아버지에게 용돈을 달라고 할 때는 우선 "바쁘세요?" 하고 나서 물어봐. 그럼 성공 확률이 100퍼센트!)

"아들의 아들을 뭐라고 부릅니까?"

전영이 대답했다.

"손자라고 한다."

"손자의 손자는 뭐라고 부릅니까?"

"현손이라고 한다."

"현손의 현손은요?"

"모르겠다. 그건 알아서 뭐 하려고 그러느냐?"

전문이 대답했다.

"아버님께서 제나라 재상이 되어 천만금이나 되는 부를 쌓았는데, 문하에는 쓸 만한 인재가 별로 없습니다. 그나마 있는 사람들은 어떻습니까? 아버님의 부인들은 아름다운 비단옷을 입고 다니지만 선비들은 짧은 바지 하나 제대로 걸치지 못하고 있습니다. 아버님의 하인들은 쌀밥과 고기를 실컷 먹지만 선비들은 쌀겨나 술지게미(술을 빚어서 거르고 남은 찌꺼기)조차 배불리 먹지 못하고 있습니다. 지금 아버님께서는 쌓아 둔 것이 남아돌지만 더욱 모으려고만

할 뿐 나누지는 않고 계십니다. 이렇게 모은 재물을 뭐라고 부르는 지도 모르는 후손에게 물려주시려는 겁니까? 저는 그것이 이상하여 여쭈어 본 것입니다."

전영은 뒤통수를 맞은 것 같았어. 그래서 이때부터 재물을 풀어 인재를 모으고 전문에게 그들을 접대하게 했지. 결국 전문은 아버지가 죽고 난 뒤 전씨 가문의 유일한 후계자가 돼. 수십 명의 형들을 물리치고 천한 출신인 그가 재상의 후계자가 된 거지.

맹상군은 어머니를 닮아 신분의 귀천을 따지지 않고 누구나 똑같이 대우해 줬다고 해. 언젠가 한 손님이 "우리 반찬이 왜 이렇게 빈약한 것이냐? 맹상군은 더 좋은 걸 먹는 것 아니냐?"라고 항의하자 맹상군은 그 자리에서 그 손님을 불러 자기 밥상을 보게 했어. 맹상군의 밥과 반찬은 손님의 것과 똑같았지. 손님은 부끄러워서 목숨을 끊었다고 해. (그렇다고 죽을 것까지야…….)

맹상군은 손님과 이야기를 나눌 때 병풍 뒤에 기록하는 사람을 앉혀 놓고 손님의 집안 사정을 물은 뒤 그 내용을 적게 했어. 손님이 나가면 맹상군은 재빨리 심부름꾼을 보내 그 집안에 필요한 물품을 보냈지. 만약 손님의 옷이 허름하면 비단을 보냈고, 자식이 많은데 양식이 부족하면 곡식을 보냈어. 이 선물은 손님이 집에 가기도 전에 도착해 있었다고 해. 이런 식으로 덕을 베푸니 많은 사람들이 맹상군을 의지했고 손님의 숫자는 3천 명에 이르렀어.

손님들은 다음에 맹상군에게 무슨 일이 생기면 발 벗고 나서서 도와주었어. 그중에는 깡패 같은 이도 있고 힘쓰기 좋아하는 자도 있어서 사마천은 그들이 모여 사는 마을은 "난폭한 젊은이들이 많았다."라고 기록했지. 이들을 먹여 살리느라 기둥이 휘청이기도 했지만, 맹상군은 막강한 인재 은행이 있었기에 제나라의 재상이 되어 한 시대를 이끌 수 있었어.

소리 없이 붓으로 복수하다

사마천이 한무제 때문에 궁형을 당했다고 했지? 한무제는 궁형을 내리고 3년 뒤에 이를 취소했어. 그리고 사마천한테 이렇게 말하지.

"이봐, 사마천! 내가 좀 심했어. 거 좀 미안한걸……."

그 벌을 받은 지가 언젠데 이제 와서 미안하다면 다야? 이미 잘린 걸 다시 붙일 수도 없고……. 이처럼 한무제는 신하들을 좋아했다 미워했다 변덕이 심했고, 의심도 많았어. 심지어 자기 친아들이자 다음 황제가 될 태자도 의심해서 죽여 버렸지. 사마천은 후에 한무제에게 복수를 해. 어떻게 복수했냐고? 다음 중에서 골라 봐.

1. 아무도 없을 때 한무제를 때렸다.
2. 한무제가 잘 때 얼굴에 먹칠을 했다.
3. 『사기』에 한무제를 멍청한 황제라고 썼다.

정답은 3번. 붓은 칼보다 강한 거야. 사마천은 『사기』에 한무제에 대해 이렇게 기록했어. 여기서 '주상主上'은 한무제야.

"주상은 무당이 하는 말을 받아 적게 했다. 그 말은 민간 사람들이 하는 말과 다를 바가 없었는데 주상 혼자만 좋아했다."

"난대(도사 중 하나)가 주상을 만난 지 몇 달 만에 천하에 알려져 귀한 몸이 되었다. 이에 연나라와 제나라의 도사 중 신선을 부를 수 있다며 큰소리를 치지 않는 자가 없었다."

"제사와 귀신을 이야기하는 도사들이 갈수록 많아졌지만, 그 효험이 어떤지는 눈으로 보듯 뻔했다."

사마천은 한무제에 대해 기록한 「효무 본기」 대부분을 한무제가 무당과 도사들에 빠져 허우적거리는 모습을 묘사하는 데 할애했어. 이것만 읽어 보면 천하에 이렇게 어리석은 왕도 없지. 아주 제대로 복수한 셈이야. 한무제는 이 글을 읽고 대노해서 자신을 묘사한 부분을 삭제하라고 명했어. 하지만 중국에서 역사를 기록하는 자는 목에 칼이 들어와도 'delete' 버튼은 누르지 않는 법.

"차라리 나를 내시로 만들어라. 내 붓으로 너를 난도질해 주마!"

이게 사마천을 비롯한 사서 담당자들의 자존심이었지.

한무제는 중국의 수많은 제왕 중 한 사람인 뿐이지만, 사마천은 진무후무한 역사가로 평가받고 있어. 한무제는 편집증적 의심 속에 자신의 친아들을 죽이는 등 기행을 일삼았지만, 사마천은 묵묵히 글을 쓰며 억울함을 삭였어. 한무제는 살아생전 절대 권력을 누렸지만 역사에는 불명예스러운 이름을 남겼지. 역사가의 복수란 이런 거야.

만약 한무제가 사마천에게 형벌을 내리지 않았다면 아마도 『사기』라는 귀한 작품은 없었을지도 몰라. 때로 역사에 남는 명작은 고통 속에서 탄생하곤 해. 사마천은 「열전」 마지막 부분에 이런 글을 남겼어.

태사공은 이릉의 화를 입고 감옥에 갇히고 말았다. 그는 반식하며 말했다.

죽어도…
암튼 절대로
안 돼요.

"이것이 내 죄인가? 내 죄인가? 몸이 망가져 쓸모없게 되었구나."

형을 받고 물러난 뒤 그는 깊이 생각한 끝에 이렇게 말했다.

"『시경』과 『서경』의 뜻이 깊고 간략한 것은 제약된 상황 속에서 자신의 뜻을 펼쳐 보이려 했기 때문이다. 옛날 주나라 문왕은 유리에 갇히게 되자 『서경』, 『주역』을 풀이했으며, 공자는 진 나라와 채나라에서 고난을 겪었기에 『춘추』를 지을 수 있었고, 굴원은 쫓겨나는 신세가 되어

「이소」를 지었으며, 좌구명은 실명한 이후에 『국어』를 남겼다. 손빈은 다리를 잘리는 형을 받은 후 병법을 저술했고, 여불위는 촉으로 유배된 이후에 『여씨춘추』를 남겼으며, 한비자는 진나라에 갇힌 몸이 되어서도 「세난」, 「고분」 편을 지었다. 『시경』에 수록된 300편의 시는 대체로 성현들이 발분해서 지은 것이다. 이들은 모두 마음에 깊이 맺힌 바가 있으나 그 뜻을 직접 발산할 수 없었기 때문에 지나간 사실을 빌려 미래에 그들의 뜻을 전했던 것이다.”

그리하여 마침내 그는 요임금 때부터 한나라 무제 시대까지의 일을 서술했다.

사마천은 스스로를 '그'라는 3인칭으로 불렀어. 왜일까? 이런 걸 '자기 객관화'라고 해. 자기를 한발 떨어져서 바라보는 거야. 그럼 견딜 수 없는 고통도 조금 덜 아프게 느껴지겠지. 그리고 '나는 왜 이러고 있나…… 언제까지 억울해하고 슬퍼할 수만은 없다.' 하는 생각이 들 거야. 그러면서 세상을 향해 다시 한번 날갯짓하려는 희망을 품게 되는 거지.

사마천은 궁형 이후 소외와 천대 속에 살았지만 그의 저술 130권 52만 자는 2천 년의 시간을 넘어 오늘날까지 우리 곁에 살아 있어. 『사기』는 저자인 사마천의 자존심과 맞바꾼 역사 기록이라고 할 수 있어.

2

『열국지』
춘추 전국 시대를 마스터하는 역사 소설

춘추 전국 시대를
쉽고 재미있게 읽어라

『열국지列國志』는 명나라 말기의 문장가 풍몽룡馮夢龍(1575년~1645년)이 역사적 사실을 바탕으로 쓴 소설이야. 주周나라가 서쪽 융족의 침입을 받고 수도를 호경에서 동쪽의 낙양으로 옮긴 B.C. 770년 무렵부터 B.C. 221년 진시황이 중원을 통일하기까지 약 550년의 역사를 다루고 있어. 『열국지』는 '여러 나라에 대한 기록'이란 뜻이야. 이 시기를 보통 춘추 전국 시대 또는 동주 시대라 부르기 때문에 『열국지』를 『동주 열국지』라고도 해.

우리나라를 비롯해 일본, 중국, 동남아시아 등 동양의 사상은 대부분 고대 중국의 춘추 전국 시대에서 출발했어. 춘추 시대는 낙양 천도 때부터 진晉나라의 대부大夫(중국 관직의 품계 중 하나)인 한韓씨, 위魏씨, 조趙씨가 진나라를 분할해서 각각 따로 나라를 세울 때인 B.C. 403년까지야. B.C. 403년 이후에는 각국의 전투 규모가 커지고 전쟁이 잦아지는데, 그 때문에 전국戰國 시대라고 불러. 춘추라는 말은 공자가 엮은 노魯나라 역사서인 『춘추春秋』에서 나왔고, 전국이란 말은 한漢나라 유향이 엮은 『전국책戰國策』에서 유래했어.

춘추 전국 시대는 중국 역사상 지혜로운 이들이 가장 많이 등장한 시기야. 이들을 제자백가諸子百家라고 해. '제자'는 여러 학자란 뜻이

고 '백가'는 많은 학파를 말해. 공자, 맹자, 노자, 장자, 한비자, 순자, 묵자 등등 이 시기에는 그야말로 수많은 학자와 학파가 난립했지. 이들의 사상이 오늘날까지도 동양 사람들의 관습과 생각에 지대한 영향을 미치고 있어.

신기하게도 이 시기에 세계 곳곳에서도 철학자와 성인들이 많이 등장했어. 그래서 독일 철학자 카를 야스퍼스Karl Jaspers(1883년~1969년)는 B.C. 900년부터 B.C. 200년까지를 '축의 시대Axial Age'라고 불렀어. 카렌 암스트롱이라는 영국 학자는 『축의 시대』라는 책에서 이렇게 말했지.

"야스퍼스가 말한 이 시기는 인류의 정신적 발전에서 중심축을 이룬다. 세계의 네 지역에서 계속해서 인류의 정신에 자양분이 될 위대한 전통이 탄생했다. 중국의 유교와 도교, 인도의 힌두교와 불교, 이스라엘의 유일신교, 그리스의 철학적 합리주의가 그것이다. 인류는 단 한 번도 축의 시대의 통찰력을 넘어선 적이 없다."

축의 시대에 나타난 사상과 종교 중에 중국과 인도의 것은 동양에, 이스라엘과 그리스의 것은 서양에 막대한 영향을 끼쳤어. 그래서 동양 사람을 알려면, 한국 사람을 알려면, 또 나를 알려면 축의 시대에 쓰인 인문 고전을 읽어야 해.

그런데 무턱대고 『논어』, 『맹자』를 읽을 수는 없어. 기본 지식이 있어야 하거든. 그 기본 지식을 위해 춘추 전국 시대의 역사를 반드시 알아야 해. 그리고 춘추 전국 시대의 역사를 배우기에는 『열국지』만한 게 없지. 가장 기초적이고 재미있는 책이니까.

우리가 고전을 읽을 때는 완역본으로 읽는 게 좋아. 완역본이란 원래의 저자가 쓴 책을 한 글자도 빼지 않고 완전하게 번역한 책을 말해. 우리나라에 출간된 『열국지』 완역본 중 권할 만한 책으로는 김영문 번역의 『동주 열국지』, 김구용 번역의 『동주 열국지』가 있어. 완역본은 아니지만 작가 유재주가 재구성한 『평설 열국지』도 읽어 볼 만해.

◆ 카렌 암스트롱, 정영목 옮김, 『축의 시대』, 교양인, 2010, 7~8쪽

『열국지』는 팩트 90퍼센트에 풍몽룡의 허구 10퍼센트가 가미된 작품이야. 『열국지』가 소설이라고 해서 실제 역사보다 교훈과 감동이 덜한 것은 아니야. 때로 우리는 실제 일어났던 일보다 그것을 소재로 만든 허구에서 더 큰 감동을 받곤 해. 실제 쓰나미 영상보다 그것을 소재로 만든 〈더 임파서블〉 같은 영화를 볼 때 더 감동하는 것과 같지.

유발 하라리라는 학자는 그의 책 『사피엔스』에서 사피엔스가 네안데르탈인을 물리치고 지구의 주인이 된 이유 중 하나는 '허구를 믿는 능력'이라고 말했어. 번개가 칠 때 그냥 '무서운 불'이 아니라 '하늘의 신이 노해서 던지는 창'처럼 생각하는 능력, 이게 바로 스토리텔링 능력인데, 사피엔스의 지각이 발달할 수 있었던 원인이 스토리텔링 능력 때문이란 거지. (쉽게 말하면 '뻥치는 능력'이 있어서 네안데르탈인보다 더 우수할 수 있었다는 이야기야.)

'열국列國'은 주나라가 봉건 국가로 인정한 나라들인 동시에 춘추전국 시대에 명멸한 수많은 나라들이야. 중국 역사는 B.C. 20세기경 하夏나라가 처음 국가의 틀을 갖추면서 시작돼. 하나라를 세운 사람은 우임금이고 마지막 왕은 걸왕이었지. B.C. 1600년경 폭군 걸왕은 상商나라의 탕왕에게 쫓겨나. 상나라의 마지막 수도는 은이란 곳에 있어서 은殷나라라고도 해. 은나라의 마지막 왕인 주왕도 역시 폭군이었는데, B.C. 1046년 주周나라 무왕에게 패하고 스스로 목숨을 끊어.

주나라를 세운 무왕은 공신과 왕족들에게 중국의 각 지역을 나누어 주고 다스리도록 하는데, 이걸 봉건제라고 해. 천자天子인 주나라 왕은 수도인 호경(훗날 낙양으로 천도) 지역을 다스리고, 나머지 지역의 땅(봉토)은 제후들을 보내 다스리게 했지. B.C. 770년 동주 시대부터 는 주나라 왕의 힘이 약해져서 제후국들에 대한 영향력도 떨어졌어. 주나라보다 인구도 많고 군사력도 강한 나라가 차례로 나타났지. 따라서 형식적으로는 한 사람의 천자를 수많은 나라가 섬기는 구심력 이 존재했지만, 내용상으로는 천자를 능가하는 제후들이 세력을 펼 쳤던 원심력의 시대였어.

알쏭달쏭 헷갈리는 왕의 개념 알기

공부를 할 때는 단어의 뜻을 명확히 아는 것이 중요해. 어휘를 아는 것 이 공부의 반 이상을 차지한다고 할 수 있지. 여기에서는 중국 역사에 자주 등장하는 군주와 관련된 용어를 정리해 볼 거야.

♨ 천자와 제후
시기마다 그 개념이 다르기 때문에 춘추 전국 시대의 천자와 제후만 놓고 보면, 천자는 주나라의 왕을 뜻하고 제후는 각 지역에 흩어진 봉 건국의 군주를 말해. 엄밀히 말하면 봉건국의 군주는 '왕'이 아니야. 춘추 시대 때는 '공公'이 각 나라의 최고 지도자였어. 주무왕이 주나라를 만들면서 공신과 왕족들에게 각 지역을 맡겨 다스리게 했다고 했지? 이때 그 지역을 맡은 사람이 '공'이야. 제나라를 다스렸던 환공은 제환공, 진나라를 다스렸던 문공은 진문공이라고 불렸지. 제후는 공, 후, 백, 자, 남의 5등급이 있었기 때문에 위나라를 다스린 후작들은 위문후, 위무후라고 불렸어.

♟ 춘추 시대의 왕

춘추 시대에는 오직 주나라의 천자만이 왕이었어. 누구나 그렇게 인정했지. 그런데 여기에 반기를 든 사람이 있어. 초나라의 웅철이 "나도 왕이다."라면서 초무왕(?~B.C.690년)이 됐지. 초나라 역시 주나라의 부하 국가로 제후의 작위는 자작이었어. 5등급 가운데 네 번째로 낮은 서열이지. 그래서 춘추 시대 다른 나라들은 초무왕을 완전히 무시했어. 초무왕은 초나라에서는 자칭 왕이었지만, 다른 곳에서는 인정받지 못했어.

♟ 전국 시대의 왕

주나라 초기에 제후국은 조공을 바치며 주나라를 떠받들지만 시간이 지나면서 점점 힘이 세지게 돼. 전국 시대에 들어서자 제후들이 너도나도 왕을 칭하고 나서지. 한마디로 "주나라 왕, 너만 왕이냐? 나도 왕이다!" 하는 식이야. 주나라 왕이 천자인 시대는 가고, 천자는 그저 상징적인 존재가 된 거지.

진시황이 진, 초, 위, 한, 조, 연, 제, 일곱 나라를 하나로 통일하면서 전국 시대는 막을 내리게 돼. 진시황은 자신을 부르는 칭호를 만들어 냈어. 중국의 전설에 등장하는 왕들인 삼황과 오제에서 한 글자씩 따와서 황제라고 부른 거지. 이후에는 중국의 왕들을 황제라고 불렀어.

『열국지』에서 손꼽히는 등장인물과 사건들

중앙 집권이 무너지자 '어떻게 하면 중원의 패권을 차지할 수 있을까?' 하는 야망을 가진 제후와 주변 인물들이 나타났어. 『열국지』는 바로 이들의 이야기야. 포사와 주유왕 이야기로 시작해서 춘추 시대 5대 패권자인 제환공, 진문공, 초장왕, 오왕 합려, 월왕 구천을 다루고, 전국 시대에 큰 족적을 남긴 위문후와 제위왕, 뛰어난 참모들이었던 관중, 안영, 상앙, 손빈, 소진, 장의, 맹상군, 범수, 여불위 등을 거쳐 진시황에 이르지. 『열국지』의 인물과 일화 중에 꼭 기억해야 할 이야기들을 들려줄게.

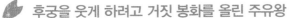
옛날 걸왕은 말희를 사랑하다가 하나라를 망쳤고, 주왕은 달기를 총애하다가 은나라를 말아먹었습니다. 이제 왕께서 포사를 익애溺愛하여 적자嫡子를 폐하고 서계庶系를 세웠으니, 이는 부부의 의에 어긋나며 부자의 정을 끊으심입니다. 걸왕과 주왕의 일이 어찌 옛날의 일에만 해당하고 오늘에는 적용되지 않겠습니까. 바라건대 왕께서는 즉시 잘못된 조처를 바로잡고 나라를 망치는 일이 없게 하십시오.

『열국지』의 첫 부분은 주유왕과 포사의 이야기로 시작해. B.C. 770년 주유왕의 아들 주평왕이 낙양으로 천도하는데, 이전을 서주 시대, 이후를 동주 시대라고 해. 동천의 원인은 바로 포사였어. 포사는 원래 버려진 아이였어. 포 지방에서 딸이 귀한 집안에 입양되어 컸는데, 어린 시절 동네 사내아이들이 '주워 온 아이'라고 놀려 댔지. 후에 포사를 기른 아비가 죄를 짓게 되자 벌을 받는 대신 어린 포사를 궁에 팔아넘겼어. 놀림받고 버림받은 포사는 그때부터 웃음을 잃고 마음속으로 남자들에 대한 원한을 갖게 됐지. 몇 년 뒤, 포사는 후궁의 거처에 들른 주유왕의 눈에 들어 왕의 사랑을 받게 되었어. 왕은 포사에게 완전히 빠져서 왕후도 쫓아냈지.

하지만 포사는 여전히 웃음이 없었어. 다만 비단 찢는 소리를 들으면 살짝 미소를 지었어. 자신의 라이벌이었던 왕후가 쫓겨나면서 비단이 찢어졌는데 저도 모르게 웃음이 나더라나. 주유왕은 그런 포사를 웃게 하려고 시간이 날 때마다 비단을 찢게 했어. 사랑에 미치면 별짓을 다 하는 거야. 그런데 얼마 지나자 아무리 비단을 찢어도 포사가 웃지 않았어. 몸이 달아오른 주유왕은 "포사를 웃게 하는 자에게는 천금을 내리겠다." 하고 공표했지.

이때 괵석보라는 자가 "봉화를 올려 장수들의 허둥대는 모습을 보게 하자."는 의견을 내놨어. 주유왕은 단지 포사를 즐겁게 하기 위해 봉화를 올렸지. 봉화는 적이 침략했을 때 피우는 거잖아? 봉화를 보고 먼 지역에서 장수들이 황급히 달려왔지만 도성에는 아무 일도 없는 거야. 장수들이 땀 흘리며 허둥대는 모습을 보고 포사는 깔깔거리며 웃었지. 만약 장수들이 봉화를 보고 오느라 자리를 비운 사이 적이 침략해 왔다면 어떻게 됐을까? 주유왕은 한 여자를 웃게 하기 위해 나라의 안위를 놓고 도박을 벌인 셈이야.

주유왕은 그 후에도 몇 번이나 봉화를 올려 장수들을 불렀어. 아예 관람석까지 마련해 놓고 어느 지방 장수가 먼저 달려오는지 구경했지. 포사는 그때마다 웃었고, 왕은 봉화 아이디어를 내놓은 괵석보에게 천금을 내렸어. 여기서 생긴 고사가 천금매소千金買笑(천금을 주고 웃음을 산다는 뜻)야. 괵석보는 천금을 챙겼고, 포사는 웃었고, 주유왕은 애인을 기쁘게 해 주어 기분이 좋았지. 그렇다면 장수들은? 주유왕과 포사가 자기들을 놀림감으로 만들어 놓고 웃어 대니 좋아할 리가 없었지.

포사가 아이를 낳자 주유왕은 태자 의구가 있음에도 그를 내쫓고 포사의 아이를 새 태자로 삼았어. 이때 의구의 외할아버지이자 폐비 강후의 아버지였던 신후가 주유왕에게 "옛날 걸왕은 말희를 사랑하다가 하나라를 망쳤고……."로 시작되는 앞의 편지를 보내지.

주유왕은 편지를 받고 격노해 신후를 치려고 군대를 파견했어. 신후는 서쪽 지방 종족인 서융에게 도움을 청했지. 서융은 전투력이 뛰어난 약탈 집단이었어. 이들 군대가 물밀듯 쳐들어오자 주유왕은 급히 봉화를 올렸어.

"적이 쳐들어왔다!"

그러나 아무도 달려오는 이가 없었어. 어느새 주유왕은 "늑대가 나타났다!" 하고 사람들을 속인 양치기 소년이 되어 있었던 거야. 결국 왕과 포사, 그들 사이의 어린 왕자까지 모두 서융 군대에 몰살되었어. 수도인 호경도 많이 파괴되었지. 그 후 태자 의구가 왕위에 올라 동쪽인 낙양으로 수도를 옮겼는데, 그가 주평왕이야.

역사의 희생양이 된 여자들

말희, 달기, 포사는 모두 왕이 몹시 사랑한 여자들이야. '익애했다'라는 표현이 나오는데 익은 '빠질 익溺' 자야. 수영을 못하는 사람이 물에 빠지듯 정신을 못 차리고 사랑한다는 뜻이지. 중국 역사에서는 말희 때문에 하나라가 망했고, 달기 때문에 은나라가 망했고, 포사

때문에 주나라가 위태로워졌다고 말해. 『서경』이란 역사책에 보면 이런 표현이 나와.

> 주무왕이 말했다.
> "옛사람 말에 '새벽에 암탉이 울면 집안이 망한다.' 하였소. 지금 상 나라 임금 주는 오직 여인의 말만 듣고 악독한 짓을 일삼고 있소."

세상에! '암탉이 울면 집안이 망한다.'는 말이 이렇게 오래된 거였어? 주무왕은 B.C. 1046년부터 3년 동안 주나라를 다스렸으니까 지금으로부터 무려 3천여 년 전 사람이야. 그런데 왜 왕조의 멸망에 꼭 요부가 등장하는 것일까? 그 이유를 알려 줄게.

첫째, 옛날에는 아무리 폭군이라 해도 대놓고 왕을 욕하기 어려웠어. 따라서 왕의 부인이나 후궁이 왕의 판단력을 흐리게 만든다고 믿고 싶어 했지. 백성들은 왕의 후궁이나 부인을 실컷 욕할 수 있는 희생양으로 삼은 거야.

둘째, 하나라를 물리친 은나라, 은나라를 물리친 주나라의 역사가들은 앞선 나라들이 멸망할 수밖에 없는 원인을 찾아야 했어. 왕이 정사를 돌보지 않고 주지육림酒池肉林(술로 연못을 이루고 고기로 숲을 이룬다는 뜻으로, 호화로운 술잔치를 이르는 말)에 빠져 있다든지, 여인의 말을 듣고 거짓 봉화를 올린다든지 하는 이야기를 해야 앞선 나라를 '멸망할 수밖에 없는 나라'로 여길 수 있었던 거지.

마지막으로, 왕의 곁에는 늘 많은 여인들이 있었어. 사실 여인이 문제가 아니라 왕이 문제였지. 그런데 단지 "왕이 멍청하다."라고 하는 것보다 "왕도 멍청하지만 왕 옆에 못된 여인이 있어서 죄수들을 잔인하게 죽이고 현명한 신하를 쫓아내게 했다."라고 알리면 백성이 더 분노했어. 분노하는 백성이 많아야 폭군이 다스리는 나라에 반기를 들 수 있었겠지?

자신의 어리석음으로 목숨을 잃은 군주들

위나라 의공이란 사람은 학에 미친 임금이었어. 학을 너무 사랑한 나머지 학을 위한 정원을 만들고, 최고급 곡식을 먹이고, 학에게 관직을 내렸지. 재상 학, 국방 장관 학, 외교 장관 학 등등……. 위의공은 시간이 날 때마다 정원에 나가 혼잣말을 하며 놀았어.

"오, 재상 학! 어제는 잘 주무셨소? 어이쿠, 물이 떨어졌구먼. 여봐라, 여기 에비앙을 대령하여라!"

물론 여기에 드는 모든 비용은 자기 돈으로……가 아니라 나라의 세금으로 충당했어. 사람은 굶는데 학은 살쪘지. 얼마 뒤 위나라는 북쪽에 사는 이민족의 침입을 받았어. 그런데 아무도 나서서 싸우려 하지 않았어. 위의공이 "아니, 도대체 왜 적을 무찌르지 않는가?"라고 묻자 사람들은 "국방 장관 학에게 전쟁에 나가라 하십시오."라고 말했어. 위의공은 그제야 자신의 잘못을 뉘우쳤지만 이미 늦었지. 하

는 수 없이 직접 전장에 나갔다가 숨지고 말았어. 위의공이 지극정성
으로 돌본 학 중에 그 어떤 학도 위의공을 위해 울지 않았어. 모두 훨
훨 날아가 버렸지.

송양공은 자신이 도덕군자라는 허망한 신념에 빠져 있었어. 초나
라와 싸울 때 송나라 군사를 몰고 강 한쪽 편에 진을 치고 있었어. 적
국의 군사가 강을 건너기 시작하자 측근 대신이 "지금이 공격하기
좋은 때입니다."라고 했으나 송양공은 이렇게 말했지.
"상대가 강을 건널 때 공격하는 것은 인의를 아는 자가 할 일이 아
니오."

초나라가 강을 건너 막 진을 치려고 하자 측근 대신이 "지금이라도 공격해야 합니다."라고 건의했으나 송양공은 또 이렇게 말해.

"상대가 준비를 갖추지 않았을 때 공격하는 것은 군자가 할 바가 아니오."

초나라가 진을 치고 나서 마침내 전투가 벌어지자 약체였던 송나라는 패하고 말았어. 이때 송양공은 부상을 입었고, 이 상처로 이듬해에 죽었지.

아니, 도대체 전쟁터에서 따질 게 따로 있지. 무슨 인의와 군자의 도리를 따지냐고. 그건 권투 선수가 "상대가 KO를 당할 때까지 때리는 건 인의가 아니오."라고 하거나, 축구 선수가 "공을 상대 골키퍼의 몸에 맞고 골인이 되게 차는 것은 군자가 할 짓이 아니오."라고 말하는 것과 같아. 전쟁의 목표는 승리야. 승리를 위해서는 도덕군자를 포기해야 할 때도 있어. 이런 과도한 인정을 고사성어로 '송양지인宋襄之仁'이라고 해. 자기 분수도 모르고 지나치게 덕을 베푸는 것을 비꼬는 말이지.

연나라의 왕 쾌는 놀기 좋아하고 과대망상에 사로잡힌 사람이었어. 어느 날 녹모수란 신하와 대화를 하다가 이렇게 말해.

"내가 역사에 이름을 길이 남기려면 어떻게 해야 할까?"

"요임금은 자기 아들이 아닌 순임금에게 선양(임금의 자리를 물려줌.)했기에 성인이 되었습니다."

"오호, 그런 방법이! 그럼 나는 누구에게 왕위를 물려주면 좋을까?"

"재상 자지子之에게 선양하시면 좋은 줄로 아뢰오."

녹모수는 자지와 친했어. 그래서 말도 안 되는 제안을 한 거야. 연왕 쾌는 이 말을 듣고 아무 생각 없이 재상 자지에게 왕의 자리를 물려주고 자신은 신하가 돼. 그 후로 어떻게 됐을까? 재상 자지에 반대하는 세력이 반란을 일으키고 그 와중에 연왕 쾌는 목숨을 잃게 돼. 결국 연왕 쾌는 '바보 같은 짓을 한 왕'으로 역사에 남게 되었지.

정장공, 황천에 가기 전까지는 어머니를 뵙지 않으리

정장공은 춘추 시대를 호령하던 영웅이야. 주나라의 세력이 약해진 틈을 타서 주변 소국을 정벌하고 힘을 떨쳤지. 그는 군주의 자리에 오르기까지 20년 동안 치열한 왕위 다툼을 벌였는데, 어머니와 동생 단 때문이었어.

어머니 무강은 정장공을 낳을 때 오랜 시간 고통스럽게 출산했어. 반면 동생인 단은 수월하게 쑥 낳았지. 무강은 출산 때 자기를 고생시킨 정장공을 싫어하고 단을 편애했어. 정장공이 왕이 된 다음에도 마찬가지였지. 심지어 '어떻게 하면 첫째 아들을 죽이고 둘째 아들을 왕위에 올릴까?' 하고 고민했어. 좀 이상한 어머니였지.

정장공은 어머니가 자신을 미워하고 동생만 좋아한다는 사실을 잘 알고 있었지만 변함없이 효자였고 어머니를 사랑했어. 또, 못된 어머니라도 없는 것보다는 낫다고 생각했지. 더구나 당시엔 임금이 효자가 아니면 나라를 제대로 다스리기 어려웠어. 사람들은 "제 엄마도 싫어하는 놈이 어찌 나라를 잘 다스리겠느냐."라고 생각했거든.

그런데 정장공의 어머니 무강이 단을 임금으로 만들기 위해 반란을 일으켰어. 동생의 반란군을 막기 위해 정장공은 어쩔 수 없이 전투를 벌였지. 그 와중에 단이 죽고 말았어. 반란을 막고 나서 정장공은 이렇게 말해.

"황천에 가기 전까지는 어머니를 뵙지 않으리라!"

정장공은 나라를 잘 다스렸고 충신과 장수도 많았어. 그런데 날마다 잔치를 열고 즐겨도 늘 마음 한쪽이 텅 빈 것 같았어. 어머니가 그리웠던 거야. 어느 날 영고숙이라는 사람이 잔치에서 고기를 먹다 말고 자꾸 옷 속에 집어넣는 모습이 정장공의 눈에 띄었어.

"그대는 왜 음식을 옷 속에 넣는가?"

"저에게 노모가 계신데, 고기를 좋아하십니다. 저 혼자 먹으려니 목이 메어 반만 먹고 나머지는 어머니께 갖다 드리려 합니다."

그 말을 듣고 정장공은 눈물을 흘렸어.

"그대는 정말 효자로다."

"주공께서는 모친을 뵙고 싶지 않으십니까?"

"뵙고 싶지만 황천에 가기 전에는 뵙지 않는다 했노라."

"그럼 주공께서 황천에 가시면 되지 않습니까?"

"나보고 죽으라는 말인가?"

"황천이 무엇입니까? 지하에 흐르는 샘입니다."

황천黃泉이란 '죽은 자들이 가는 곳'이란 뜻이지만, 중국어에서는 '지하의 샘'이라는 뜻도 있어. 영고숙은 정장공에게 "지하수가 흐르는 곳에서 어머니를 만나시면 됩니다."라고 했지. 정장공은 그의 말대로 땅을 파고 자리를 마련해 어머니 무강을 만났어. 이때는 무강도 지난날의 어리석음을 후회하고 있었어. 무강과 정장공은 오랜만에 어머니와 아들로 재회하여 눈물을 흘렸어.

어머니의 사랑은 무엇과도 바꿀 수 없어. 임금의 자리도 성대한 잔치도 그 사랑을 대신할 수 없지. 우리는 평소 어머니의 사랑을 당연하게 여기지만 실은 아주 감사한 기야. 그러니까 지금 엄마가 곁에 계실 때 잘하자고.

초장왕, 3년 동안 날지도 울지도 않는 새로 살다

초장왕은 왕위에 오르자마자 신하들을 모아 놓고 말했다.

"나에게 간언하는 자는 사형에 처하겠소."

그 후 3년 동안 초장왕은 날마다 주색에 빠져 지냈다. 낮에는 사냥으로 시간을 보내고, 밤이면 후궁과 신하를 불러 모아 연회를 열었다. 신하들은 왕명이 두려워 감히 간언하지 못했다. 어느 날 오거라는 충신이 연회석에서 장왕에게 말했다.

"혹시 왕께서는 3년 동안 날지도 않고 울지도 않는 새가 무슨 새인지 아십니까?"

초장왕은 오거를 노려보았다.

"그대는 내게 간언하는 것이오?"

"수수께끼를 내고 있는 것뿐입니다."

초장왕은 춘추 전국 시대 수백 명의 왕 중에서 단연 돋보이는 인물이야. 초나라를 부흥시킨 왕으로, '불비불명不飛不鳴(날지도 울지도 않는다는 뜻으로, 큰일을 위해 조용히 때를 기다리는 것을 이르는 말)', '절영지연絶纓之宴(갓끈을 끊고 즐기는 연회라는 뜻으로, 남의 잘못을 관대하게 용서해 주면 반드시 보답이 따름을 이르는 말)'이라는 고사를 만들어 낸 인물이지. 이 이야기를 읽어 보면 초장왕이 어떤 사람인지 알게 돼. 초장왕은 오거에게 이렇게 답했어.

"날지도 울지도 않는 그 새는 한번 날면 천 리를 가고, 한번 울면 모든 이가 들을 것이오."

오거는 자리에서 물러났어. 얼마 뒤, 초장왕에게 충신 소종이 찾아와서 또 목숨을 걸고 말했어.

"왕이시여, 이제 백성들을 위해 바른 정사를 펼쳐 주십시오."

"그대는 간언하는 자는 사형에 처한다는 내 명을 듣지 못했는가?"

"왕께서 나라를 위하신다면 저는 죽어도 여한이 없습니다."

초장왕은 소종을 살벌하게 노려봤어. 소종은 죽음을 각오하고 눈을 지그시 감았지. 그때 초장왕의 목소리가 쩌렁쩌렁하게 울렸어.

"그대의 뜻을 알겠소!"

초장왕은 그 자리에서 술판을 엎고 일어났어. 그리고 오거와 소종을 재상으로 삼고 그동안 자신과 함께 술판을 벌였던 간신들을 몰아냈어. 부정부패를 없애고 군사를 길러 초나라 재건에 나섰지.

초장왕은 왜 3년을 기다렸을까? 초장왕은 왕이 되었지만 누가 자기편인지 확신이 없었어. 그래서 일부러 멍청한 짓을 하면서 신하들을 시험한 거야. 다행히 오거와 소종 같은 충신들을 골라내 정사에 힘쓸 수 있었지. 누군가 재능과 뜻이 있는데 오래 기다리면서 기회를 엿본다면 초장왕 같은 사람이야. 불비불명이지. 만약 여러분의 부모님이 "너는 왜 공부는 안 하고 놀기만 하니?"라고 묻는다면 "불비불명입니다."라고 대답할 수 있겠지? 분명 이 책을 읽는 여러분은 장래에 훌륭한 사람이 될 인재일 거야. 그렇지?

당교, 관끈을 끊고 연회를 즐기다

초나라와 정나라가 전쟁을 할 때 초나라 장수 당교는 500명의 특공대를 이끌고 정나라 국경 안으로 들어가 결사적으로 싸웠다. 덕분에 초나라 대군은 손쉽게 정나라 군사를 물리쳤다. 초장왕은 당교를 불러 상을 내렸다. 그런데 당교는 한결같이 상을 사양했다. 초장왕은 급기야 화를 냈다.

"공을 세우면 상을 받는 것이 당연하다. 상을 거절하는 것은 무례요, 자만이다. 그대는 내가 내린 상이 부족하여 이러는 것인가?"

"신은 이미 왕께 상을 받았습니다. 그 은혜를 갚고자 이번에 힘껏 싸운 것뿐입니다. 어찌 또 상을 받을 수 있겠습니까?"

"나는 그대에게 상을 내린 기억이 없다. 도대체 언제 상을 받았다는 것인가?"

"수년 전의 일입니다. 언젠가 왕께서는 밤에 잔치를 벌이다가 모든 신하에게 관의 끈을 끊게 하신 일이 있습니다."

"그런 일이 있었지. 그런데?"

B.C. 605년, 초나라에서 투월초라는 자가 난을 일으킨 적이 있어. 초장왕이 난을 진압하고 장수들과 함께 연회를 열었을 때, 초장왕은 아끼는 후궁 허희에게 "모든 장수들에게 술을 따르라."라고 했지. 이때 술 취한 젊은 장수가 어둠 속에서 허희의 허리를 껴안았어. 허희는 꽤나 재치 있는 여자여서 장수의 관끈을 하나 잡아당겼어. 그녀는 왕에게 돌아와 말했지.

"무례한 신하가 소첩의 몸에 손을 댔습니다. 그자의 얼굴은 보지 못했으나 관끈을 가져왔으니 왕께서 관끈이 없는 자를 벌해 주시어요."

초장왕은 잠시 생각에 잠겼다가 이렇게 말했어.

"이런 날 왜 답답하게 관을 쓰고 있는가. 모두 관을 벗고 끈을 끊어 버려라."

신하들은 영문을 모른 채 관끈을 끊었어. 결국 누가 허희를 껴안았는지 알 수 없게 됐지. 초장왕은 후궁보다 장수를 택한 거야. 이때는 후궁을 인간으로 대하기보다는 하나의 재산으로 취급했어. 초장왕은 왕만을 위해 존재하는 한 여성보다는 초나라 국방에 힘이 되는 장수 하나가 더 중요하다고 본 거지. (성희롱이 가벼운 죄라는 말은 절대 아니야.)

이날 연회에서 허희를 껴안은 장수가 당교였어. 당교는 자신의 허물을 용서한 초장왕에게 깊이 감동했어. 그래서 몇 년 뒤 전투에 나가서 초장왕을 위해 목숨을 걸고 싸운 거야. 결국 당교는 초나라 백성을 위해 큰일을 한 셈이지.

초장왕의 위대한 점은 용서하고 배려할 줄 안다는 거야. 용서는 윗사람이 아랫사람에게 하는 거고 배려는 더 잘난 사람이 못난 사람에게 하는 거야. 인정도 은혜도 사랑도 물처럼 위에서 아래로 흐르는 것이지, 아래에서 위로 올라가는 것이 아니야. 생각해 봐. "신의 은혜를 받았다."라고 말하지, "신에게 은혜를 줬다."라고 하지 않잖아. 너그러운 사람이 죄지은 사람을 용서하는 것이지, 죄지은 사람이 너그러운 사람을 용서하는 게 아니거든. 그러니까 누군가를 용서하기 어렵다면 이렇게 생각하면 돼. '내가 너보다 더 큰 사람이기에 용서한다.'라고 말이야.

관중과 제환공, 밤새워 문답을 주고받다

관중은 포숙아와 함께 '관포지교管鮑之交(관중과 포숙의 사귐이란 뜻으로, 우정이 아주 돈독한 친구 관계를 이르는 말)'로 알려진 명재상이야. 관중은『관자』라는 책을 썼어. 이 책은 질문과 대답으로 이루어져 있어. 관중은 '어떻게 하면 백성을 잘 다스릴 수 있고 어떻게 하면 백성이 편안하게 살 수 있는가?'에 대해 대답해. 그럼 질문은 누가 하느냐고? 제환공이 하지. 제환공은 제나라 사람들을 잘 살게 하려면 어떻게 해야 하는지, 국방은 어떻게 해야 하는지, 신하는 어떤 사람을 뽑아야 하는지, 세금은 어떻게 거두어야 하는지 등 수백 개의 질문을 지치지도 않고 쏟아 내.

제환공은 훌륭한 군주였어. 뛰어난 리더는 명령하지 않고 질문을 하는 법이거든. 누구에게? 그 분야의 전문가에게! 다행히 관중은 정치, 경제, 사회, 국방에 대한 지식이 아주 많았고 실천력도 있었어. 질문하는 제환공이 있기에 대답하는 관중이 빛날 수 있었지. 질문은 호기심이 있어야 하는 것인데, 호기심은 '지혜로워지기 위해 자신의 무지를 깨달은 자만이 가질 수 있는 마음'이야. (음, 내가 말해 놓고도 멋지네. 하하.) 관중과 제환공은 밤을 새우며 질문하고 대답하면서 나라를 잘 이끌어 가기 위해 노력했어. 그 결과 제환공은 춘추 전국 시대에 첫 번째로 중국을 호령하는 패자霸者가 됐고, 더불어 제나라는 강한 나라가 됐어.

춘추 시대에 중국 전체에 영향을 끼친 강력한 제후를 패자라고 해. 다섯 명의 패자가 있어서 춘추 오패라고 불러.

제환공 (B.C. 716년~B.C. 643년)

관중과 함께 강한 제나라를 만들어 첫 번째 패자가 됐어. 사실 제환공은 술과 여자를 좋아하는 인물이었어. 그가 잘한 일은 첫째, 포숙아라는 스승을 둔 것, 둘째, 스승 포숙아의 말에 따라 관중을 재상으로 임명한 것, 셋째, 관중에게 질문히고 그 대답대로 나라를 나스린 거야. 아마 관중 없이는 제환공도 없었을 거야.

진문공 (B.C. 697년~B.C. 628년)

군주의 자리에 오를 덕과 능력을 갖추고 있었지만 동생 이오와의 경쟁에서 밀려나 타국을 돌며 19년 동안 유랑했어. 이오가 죽자 진晉나라로 돌아와 8년간 다스리면서 진나라를 강국으로 만들었지. 방랑시기에 그가 초나라에 갔을 때 초나라 왕이 그를 환대했어. 초성왕은 "만약 당신이 진나라에 돌아가 정권을 잡는다면 내게 어떻게 보답하겠소?"라고 물었어. 진문공은 "만약 초나라와 진나라가 전쟁을 하게 된다면 전장에서 내가 3사(1사는 병사가 하루에 이동하는 거리로, 3사는 약 30km)를 물러나겠소."라고 답했어. 그때 초성왕은 웃고 넘어갔지만 후에 초나라와 진나라가 전쟁을 하게 되자 진문공은 정말로 3사를 후퇴했어.

군주가 된 진문공은 방랑하던 시절 자신에게 잘해 준 나라에는 은혜를 베풀고, 홀대하거나 모욕을 준 나라에는 철저히 복수했어. 그에게 흙이 담긴 밥그릇을 준 농부가 있었는데, 진문공은 후에 군대를 몰고 가 농부가 살던 마을의 주민을 모두 죽여 버렸어. (농부는 그렇다 치고 그 마을 사람들은 대체 무슨 죄야?) 복수하다 지친 진문공은 군주에 오른 지 8년 만에 죽었어.

초장왕(?~B.C. 591년)

초장왕에 대해서는 이미 '초장왕, 3년 동안 날지도 울지도 않는 새로 살다', '당교, 관끈을 끊고 연회를 즐기다'를 읽어서 알고 있지?

오왕 부차(?~B.C. 473년)

춘추 오패로 오왕 합려 대신에 그의 아들 부차를 꼽기도 해. 여기서는 부차의 이야기를 해 줄게. 부차는 초나라에서 망명한 오자서의 도움을 받아 초나라를 점령하고 월나라를 무찔렀어. 중원에 진출하여 여러 나라를 모아 놓고 패자가 되는 의식을 치렀지. 그 사이 월나라의 왕 구천이 힘을 길러 다시 오나라를 침략했는데, 나라가 망함과 동시에 부차는 스스로 목숨을 끊었어.

부차의 부하 중에는 충신 오자서와 간신 백비가 있었어. 월나라를 무찔렀을 때, 오자서는 부차에게 월왕 구천의 목숨을 끊어 혹시 모를 불씨를 없애자고 했지. 반면 백비는 구천의 목숨을 살려 주자고 했어. 백비는 왜 그랬을까?

1. 패국의 왕을 살려 주면 부차가 너그러운 사람이 되므로
2. 월왕 구천에게 뇌물을 받아서
3. 오자서가 하는 일에 반대하려고

정답은 2번이야. 간신 백비는 월왕에게 뇌물을 받고 "월왕을 죽이면 아니되옵니다."라고 하여 끝내 그를 살렸어. 또, 오자서가 "월왕을 믿으면 인 되고 방비를 든든히 해야 하옵니다."라고 하는 등 매사에 옳은 말만 하여 부차의 미움을 사자 그를 모함해서 죽게 했어. 결국 나중에 월왕이 강력한 군대를 이끌고 쳐들어오자 부차는 "저승에 가서 오자서를 볼 면목이 없구나."라며 목숨을 끊었어.

이 이야기에서 배울 점은 뭘까? 나에게 달콤한 말만 하는 사람은 나의 적이고, 나에게 쓰디쓴 말을 하는 사람은 나의 스승이라고 정리하면 되지 않을까?

월왕 구천(?~B.C. 465년)

오나라와의 전쟁에서 지고 난 후, 월왕 구천은 오왕 부차의 신하가 되어 구차하게 목숨을 이어 갔어. 구천은 복수를 꿈꾸었지만 오왕의 의심을 피하기 위해 절대 아닌 척했지. 심지어 오왕이 아플 때 병문

안을 가서 오왕의 변을 맛보기도 했어. (윽!) "변의 맛이 시큼한 것은 곧 나을 징조입니다."라고 뻥을 치기도 했지. (복수가 중요하긴 하지만 이렇게까지 해야 하나, 자괴감이 들지 않았을까?) 그런데 오왕의 병이 정말로 나았지 뭐야. 오왕은 구천을 기특하게 생각해서 그를 놓아주었어.

월나라로 돌아간 구천은 허리띠를 졸라매고 나라를 다스렸어. 그리고 돌아간 지 20년 만에 다시 오나라를 침략해 승리를 거두고 오왕을 자결하게 만들었지.

춘추 시대와 마찬가지로 전국 시대에도 수십 개의 나라가 있었어. 사방 천 리에 이르는 큰 나라도 있었고 작은 마을만 한 나라도 있었지. 전국 시대엔 전쟁이 잦아 망하는 나라도 많았어. 그 와중에 가장 강했던 나라 일곱 개가 연, 제, 초, 위, 한, 조, 진秦이었어. 이들을 '전국 7웅'이라고 불러. 이중 가장 강한 나라는 진나라였어. 나머지 여섯 나라는 진나라의 침략에 전전긍긍했지.

이때 두 사람의 유세가(말로 군주를 설득하며 돌아다니는 사람)가 등장해. 바로 소진과 장의야. 소진은 "여섯 나라가 힘을 모아 진나라에 대항하자."라는 합종론을 주장했고, 장의는 "여섯 나라가 각각 진나라와 화친하자."라는 연횡론을 내세웠지. 처음에는 소진의 합종론이 우세해서 여섯 나라가 협력했지만 잘되지 않았어. 이들이 분열한 틈을 타서 진나라는 힘을 더 길렀고, 결국 B.C. 221년에 진시황이 중국을 하나로 통일하게 돼.

3

『논어』

2,500년 동안 베스트셀러에 오르다

휴머니스트
공자의 인仁 이야기

먼저 『논어論語』 「위령공」 편에 나오는 아름다운 이야기 한 편을 소개할게. 공자孔子는 어느 날 자신에게 음악을 가르친 면冕 선생을 초대했어. 자기 제자들에게도 음악을 가르치고 싶어서였지. 면 선생은 이미 공자의 제자들 몇몇을 알고 있었어. 면 선생이 오자 공자는 친절히 안내하면서 "앞에 계단이 있습니다."라고 말했어. 의자와 탁자가 있는 곳에선 "옆에 의자가 있으니 앉으십시오."라고 했지. 모두 자리에 앉았을 때는 "오른쪽에는 자로와 자공이 있고 왼쪽에는 안회와 염유가 있습니다."라고 일러 주었어. 왜 그랬을까?

공자는 시각 장애인이었던 면 선생의 입장이 되어 본 거야. '맹인이라면 앞이 보이지 않으니 얼마나 불편할까? 지팡이를 갖고 다니긴 하지만 많이 부딪히기도 하겠지? 누군가가 앞에 장애물이 있다고 미리 알려 주면 어떨까? 더 편하지 않을까? 면 선생이 제자들에게 음악을 가르쳐 주러 오셨으니 누가 어디에 앉아 있는지 미리 알려 주면 더 수월하겠구나.'

면 선생은 공자의 제자들에게 거문고의 일종인 금 연주를 가르쳤어. 아마 누군가 연주를 틀리게 하면 이렇게 물어봐야 했을 거야.

"거기 왼쪽 둘째 줄에 앉은 사람 누구니?"

"네, 자공입니다."

"다시 한번 쳐 보거라."

공자의 학당에선 이렇게 물어볼 필요가 없었을 거야. 이미 그곳에 앉은 사람이 자공인지 알았으니까. 따라서 이렇게 말했을 거야.

"왼쪽 둘째 줄에 앉은 사람이 자공이라고 했지? 지금 음이 좀 이상한데 다시 한 번 해 보거라."

공자가 철저히 역지사지해서 장애인의 불편을 자기 것처럼 느꼈기 때문에 이런 장면이 나올 수 있었어. 면 선생이 가고 나서 자장이라는 제자가 물었어.

"그렇게 하는 것이 맹인 악사를 대하는 도리입니까?"

자장은 왜 이렇게 물어봤을까? 만약 지금이라면 장애인을 배려하는 공자의 행동이 별로 특별하지 않았을 거야. 하지만 2,500년 전 사람이었던 자장에게는 충격이었지. 그 누구도 시각 장애인의 불편에 관심이 없었고, 장애물을 미리 알려 주거나 주변 상황에 대해 설명하지도 않았거든. 공자가 자장에게 대답했어.

"그렇다. 그것이 앞이 보이지 않는 악사를 도와주는 도리이다."

공자는 모든 사람을 인(仁)으로 대하려고 했어. 인이란 고통받는 사람의 고통을 함께 느끼는 거야. 또한 타인을 사랑으로 대하는 것이지. 공자는 휴머니스트였던 거야. 공자가 인을 실천하는 모습을 보고 제자 자장이 후대에 길이 남을 질문을 던진 것이지. 참 아름다운 스승과 제자지?

공자에 대한 몇 가지 오해

어떤 사람은 "공자가 죽어야 우리나라가 산다."라고 했어. 아주 잘 못된 생각이야. 그럼 '예수가 죽어야 우리나라가 산다.', '부처가 죽어 야 우리나라가 산다.'라는 말도 성립하게? 어쨌든 이 세 가지 명제는 모두 틀렸어. 공자, 예수, 부처 모두 이미 돌아가셨으니까.

인정하든 안 하든 공자의 사상은 동양 사람들에게 엄청난 영향을 끼쳤어. 그의 행적을 적은 『논어』는 무려 2,500년 동안 베스트셀러 였고, 공자를 좋아하든 싫어하든 『논어』를 읽지 않고 동양 사람, 특 히 한국 사람을 이해하기는 어려워. 그런데 우린 공자에 대해 몇 가 지 오해를 하고 있어.

첫째, 공자는 고리타분한 사람이었다.
둘째, 공자는 무조건 효도하라고 했다.
셋째, 공자는 사랑이나 유머를 몰랐다.

과연 그럴까?

'고리타분하다'는 하는 짓이나 성미, 분위기 따위가 새롭지 못하고 답답하다는 뜻이야. 그런데 공자는 답답하지 않았고 오래된 것을 무조건 좋다고 하지도 않았어.

공자께서 평상시에 입는 가죽옷은 길었으나 오른쪽 소매는 짧았다. 상을 치르고 나면 온갖 패옥을 다 차셨다. 아랫도리는 제사나 조회 때가 아니면 가위질하여 허리를 좁게 만들어 입으셨다.

『논어』「향당」편에 나오는 이야기야. 공자의 평소 옷 입는 습관을 기록한 것이지. 오른쪽 소매가 짧은 이유는 글을 쓸 때 편하려고 그런 거야. 패옥은 허리띠에 매달아 늘어뜨리는 옥으로 된 장신구를 말해. 공자가 장신구를 좋아해서 이것저것 가리지 않고 하고 다녔다는 거지. 아랫도리 역시 실용적으로 입었던 것을 알 수 있어.

검은 윗도리에는 검은 염소 가죽 아랫도리를, 흰 솜옷에는 흰색의 어린 사슴 가죽 아랫도리를 입으셨고, 누런 윗도리를 입을 때는 누런 여우 가죽 아랫도리를 입으셨다.

한마디로 '깔맞춤'으로 입었다는 말이야. 공자님은 은근히 멋쟁이

였어. 요즘 말로 패셔니스타였지. 여기서 '아랫도리'는 바지가 아니
야. 춘추 시대 선비들은 바지를 입지 않았어. 남자도 통 넓은 치마를
입었지. 이처럼 공자의 옷 입는 습관만 봐도 절대 고리타분한 할아버
지가 아니라는 걸 알 수 있어.

 ## 공자는 무조건 효도하라고 했다?

우선, 『논어』를 통틀어 효도와 제사란 말이 많이 나오지 않아. 공자
는 「위정」 편에서 세 사람과 효도에 대한 이야기를 나눴어.

맹무백이 효에 대해 묻자 공자께서는 "부모는 자식이 오직 아프지 않을까 걱정한다."라고 하셨다.

맹무백은 건강이 좋지 않았어. 그래서 공자는 '건강을 잘 지키는 것이 효도'라고 답했지.

자유가 효에 대해 묻자 공자께서 답하셨다.
"요즘에는 효라는 것이 부모를 먹여 살리기만 하면 되는 줄 안다. 개나 말도 음식을 주어 기르는데 만약 공경하는 마음이 없다면 이것과 다를 바가 있겠느냐?"

자유는 능력 있는 부자였어. 그래서 돈 잘 벌고 맛있는 것만 사드리면 효도라고 생각했지. 하지만 천만의 말씀! 공자는 '공경하는 마음'이 중요하다고 한 거야.

자하가 효도에 대해 묻자 공자께서 말씀하셨다.
"얼굴빛을 부드럽게 하고 부모를 대해야 하는데 그게 어렵다."

자하는 강직하지만 무뚝뚝한 성격이었어. 그래서 부모님 앞에서는 얼굴에 미소를 지으며 부드럽게 대해야 한다고 말한 거야.
공자는 "무조건 효도해야 한다."라고 하지 않았어. 심지어 증삼이

라는 제자에게는 "부모가 때리면 도망가라."라고 했어. 공자에게는
'무조건'이란 게 없었어. 그때그때 자신의 처지와 상황에 맞는 효도
를 강조했을 뿐이야.

 ## 공자는 사랑이나 유머를 몰랐다?

"앵두꽃 바람에 나부끼네. 어찌 그대를 사모하지 않겠소만 너무
멀리 떨어져 있구나."

이 노래를 누가 부르자 공자께서 말씀하셨다.

"사랑하지 않아서 그렇지, 사랑한다면 어딘들 멀까?"

「자한」편에 나오는 이야기야. 공자의 제자 중 하나가 당시 유행하
던 노래를 불렀어. 예나 지금이나 대중가요는 사랑 노래였나 봐. 가
사 마지막에 "어찌 그대를 사모하지 않겠소만 너무 멀리 떨어져 있
구나."라는 구절을 듣고 공자가 이렇게 말한 거야.

"사랑한다면 어딘들 멀겠니!"

오, 공자는 사랑을 아는 로맨티스트였어!

그리고 공자는 유머가 넘치는 사람이었어.

자로가 귀신을 섬기는 일에 대하여 묻자 공자께서 말씀하셨다.

"사람도 제대로 섬기지 못하는데 귀신은 섬겨서 뭐하게?"

자로가 또 물었다.

"그럼 이번에는 감히 죽음이 뭔지 여쭙겠습니다."

공자께서 말씀하셨다.

"삶도 제대로 알지 못하는데 죽음은 알아서 뭐하게?"

공자의 대답을 들은 자로는 황당한 표정을 짓지 않았을까? 「선진」
편에 나오는 이야기야.

공자는
어떻게 살았을까?

도대체 공자는 어떤 사람이었기에 후세 사람들이 성인聖人으로
받들었을까? 공자는 다른 학자나 고전 작가와는 비교할 수 없을 만
큼 독보적인 인물이므로 그의 생애에 대해 자세히 알아보기로 하자.

태어나서 성인成人이 되기까지, 공부에 대한 뜻을 세우다

기원전 551년: 공자는 노나라 추읍(현재의 산둥성)에서 하급 무사 숙
량흘과 안징재 사이에서 출생했다.

기원전 549년(3세)**:** 아버지가 돌아가시자, 어머니는 공자를 데리고

곡부로 이사했다.

기원전 546년(6세): 어머니가 공부를 가르치기 시작했다. 어렸을 때부터 매우 영특하고 공부를 좋아해서 맹자 어머니처럼 세 번 이사할 필요가 없었다. 어머니는 남의 집 제사를 돕는 일을 했는데, 이 때문에 어린 공자는 제사 그릇을 갖고 놀았다.

기원전 537년(15세): 평생 공부하며 살겠다는 뜻을 세운다. 이는 자신과 집안 형편을 정확히 알고 내린 결정이었다. 대단한 가문도 아니고 부자도 아니기에 공부밖에 길이 없다는 걸 알았던 것이다.

기원전 535년(17세): 어머니가 돌아가셨다.

기원전 533년(19세): 송나라 여인 기관 씨와 결혼했다.

청년기, 학당을 열다

기원전 532년(20세): 곡식을 관리하는 말단 관직을 맡았다. 아들 리 鯉가 태어났다.

기원전 531년(21세): 가축을 관리하는 말단 관직을 맡았다.

기원전 530년(22세): 처음으로 제자를 받아 가르치기 시작했다.

기원전 522년(30세): 학문으로 어느 정도 자리를 잡았다고 평가하고 제자 양성에 공을 들였다.

기원전 518년(34세): 노나라의 남궁경숙과 함께 주나라에 가서 노자를 만났다.

기원전 517년(35세): 노나라의 내란을 피해 노소공과 함께 제나라로 갔다. 제나라의 군주 경공을 만났을 때 "좋은 정치란 무엇이오?"라고 물어 오자 "임금은 임금답게, 신하는 신하답게, 아버지는 아버지답게, 자식은 자식답게 사는 것입니다."라고 대답했다.

기원전 515년(37세): 제경공이 공자를 중용하려 했으나 안영의 반대로 무산되어 노나라로 돌아왔다.

중년기, 관직에 올랐으나 곧 좌절하다

기원전 512년(40세): 어떤 유혹에도 흔들리지 않는 자신을 발견했다. 이를 일러 '불혹不惑'이라 한다.

기원전 502년(50세): '오십이지천명五十而知天命'이란 말을 남겼는데 '나이 50이 되자 하늘의 뜻을 깨달았다.'는 뜻이다.

기원전 501년(51세): '중도'라는 고을의 시장이 됐다.

기원전 500년(52세): 승진을 거듭하여 대사구(지금의 법무부 장관)에 올랐다. 노정공을 수행하여 제나라 경공을 만났다. 제경공이 노정공을 위협하고 웃음거리로 만들려 하자 강력히 항의하여 사과를 받아 냈다.

기원전 497년(55세): 재상 대리가 되어 정사를 펼쳤다. 그러나 노정공이 제나라에서 보내온 미녀에 빠져 정사를 소홀히 하자 제자들과 함께 노나라를 떠났다. 이때부터 14년 동안 중국 전역을 돌아다녔다. 이것을 공자의 '주유천하周遊天下(천하를 두루 돌아다니며 구경함.)'라고 한다.

기원전 493년(59세): 송나라에서 환퇴에게 박해를 당했다.

기원전 492년(60세): 어떤 말을 들어도 이해가 되고 황당한 말을 들어도 그냥 넘길 수 있는 경지에 올랐다.

노년기, 위기를 겪고 조국으로 돌아가다

기원전 489년(63세): 오나라의 침략으로 진陳나라를 떠났으나 길이 막혀 일주일을 굶주렸다. 공자 생애 최대의 위기였다. 초소왕이 공자를 중용하려 했으나 재상인 자서의 반대로 무산되었다.

기원전 485년(67세): 부인 기관 씨가 세상을 떠났다.

기원전 484년(68세): 제나라가 노나라를 침략했으나 제자 염유의 활약으로 대승했다. 노나라 계강자의 초청으로 주유천하를 끝내고 귀국했다. 이후에는 집필과 교육에 전념했다.

기원전 482년(70세): 하고 싶은 대로 해도 법도를 벗어나지 않는 경지에 이르렀다.

기원전 479년(73세): 자공 등 제자들이 지켜보는 가운데 세상을 떠났다.

공자가
공산주의자라고?

사회의 자산을 사람들에게 되도록 고르게 분배하자는 것이 공산주의자들의 생각이야. 반면 자본주의 사회에서는 자본을 가진 사람이 그 자본을 기반으로 더 많은 이익을 얻게 돼. 자본이 자본을 낳는 거지. 그래서 자본주의자들은 '유산을 물려받거나', '노력해서 스스로 자본을 만들거나' 둘 중 한 방법으로 일단 자본을 모아. 그리고 그 자본을 어떡하든 더 큰 자본으로 만들어 다시 자식에게 물려주려고 해.

10이라는 자산이 있는 사회에 열 명이 살고 있다고 가정해 볼까. 자본주의 사회에서는 가장 부자인 한 명이 9를 갖고 나머지 아홉 명이 1을 나눠 가져. 공산주의 사회에서는 열 명이 각기 1씩 나눠 갖자고 주장해. 이상적이지만 현실적으로 이루어지기는 힘든 이론이지.

어쨌든 현대 사회에서는 분배가 중요해. 빈익빈 부익부는 인류 역사에서 늘 있어 왔지만 가난한 사람과 부자의 차이를 어느 정도 줄이느냐가 문제야. 빈부의 차이가 적을수록 더 좋은 사회인 거지. 그래서 북유럽 국가들은 공산주의 이론을 적용한 사회 민주주의를 채택해서 되도록 분배를 고르게 하려고 노력하고 있어.

그런데 2,500년 전에 살았던 공자가 이런 이야기를 했어.

"나라를 다스리는 사람은 그 규모가 작은 것을 걱정하지 말고 분배가 고르지 않은 것을 걱정해야 하며, 가난해질까를 걱정하지 말고 평안하지 못할까를 걱정해야 한다. 대체로 분배가 고르면 가난이 없다."

"군자는 가난한 사람을 도와줄지언정 부자에게 더 보태 주지는 않는다."

각각 「계씨」 편과 「옹야」 편에 나오는 말이야. 공자는 사회주의도 공산주의도 몰랐어. 다만 한두 사람이 너무 많은 재산을 갖고 있어선 안 되며, 가난한 사람을 돕고 어려운 사람을 소외시키지 않는 사회를 이루어야 한다고 주장했지. 『예기』라는 책에서 공자는 자신이 꿈꾸는 이상 사회를 이렇게 묘사해 놓았어.

"커다란 도가 행해지는 세상은 공정하고 평등하다. 어진 자가 등용되고 재주 있는 자가 정치에 참여해 조화를 이룬다. 사람들은 자기 부모만 위하지 않고 자기 자식만 귀여워하지 않는다.
나이 든 사람은 노후를 편안히 보내고, 젊은이들은 모두 할 일이 있으며, 어린이들은 안전하게 자라는 곳이다. 홀아비, 과부, 고아, 자식 없는 노인, 병든 자는 사회가 책임지고 부양한다. 남자는 모두 일정한 직분이 있고 여자는 모두 시집갈 곳이 있도록 조치한다.

땅바닥에 떨어진 것은 가지려고 하지 않는다. 공적인 지위는 누구든 할 수 있지만 꼭 자기가 해야 한다고 생각하지 않는다. 음모가 통하지 않고 도둑이나 폭력배가 설 곳이 없다. 문을 열어 놓아도 안심하고 다니니 이를 일러 대동 사회라 한다."

자, 그럼 다음 중에서 공자가 직접 말하지 않은 것을 골라 볼까?

1. 할아버지 제사는 꼭 지내야 한다.
2. 나이 많은 사람은 무조건 존경해야 한다.
3. 여자는 남자를 따라야 한다.

정답은 1, 2, 3번 모두! 공자는 이런 말을 한 적이 없어. "명절 때 모여서 여자는 일하고 남자는 놀아야 한다."라고 말한 적도 없고, "1년에 열두 번씩 제사를 지내야 한다."라고 말한 적도 없지. 만약 공자가 살아서 돌아온다면 1년에 몇 번씩 제사를 지내는 한국 사람들을 이상하게 생각할 거야. 그리고 이렇게 말할지 몰라.

"아니, 왜 죽은 사람을 위해 산 사람이 고생하는가!"

공자는 우리가 생각하는 것보다 제사나 어른 공경하기, 효도에 대해서 훨씬 덜 이야기했어. 그가 관심을 주었던 것은 그런 것보다 '어떻게 하면 지금 여기서 살아 있는 사람끼리 아끼며 살아갈까?' 하는 거였어. 그래서 '대동 사회'를 이루기 위해 평생 노력했지.

다시 들어 보는 공자의 명언 10가지

1 - 공자께서 말씀하셨다.

"젊은이들아, 집에서는 부모에게 효도하고 밖에 나가면 어른을 공경해라. 말과 행실을 삼가고 믿음을 주며, 널리 사람을 사랑하되 인한 이를 가까이 해라. 이 모든 것을 행하고도 힘이 남거든 그때 공부를 해라."

—「학이」편

'공자가 어른 공경과 효도에 대해 별로 이야기하지 않았다고 하더니, 첫 명언부터 그 이야기네.' 싶지? 우리가 생각하는 것보다 훨씬 덜 이야기했다고 했지, 안 했다고는 안 했어. 그리고 이 글을 읽고 나서 이런 질문하는 청소년들 꼭 있어. "앞에 것 하느라 힘이 안 남으면 공부는 안 해도 된다는 거죠?" 청소년들아, 제발 체력 좀 길러.

2 - 공자께서 말씀하셨다.

"남들이 나를 알아주지 않을까 걱정하지 말고, 내가 남을 알아보지 못할까 걱정해라.

—「학이」편

"넌 왜 날 몰라주니?", "엄마는 왜 그렇게 내 맘을 몰라줘?" 이런 말은 이제 그만! 그 대신 내가 친구를 몰라준 것은 아닌지, 엄마 마음을 몰라준 것은 아닌지 생각해 보자고!

3 - 자공이 "군자가 되려면 어떻게 해야 합니까?" 하고 묻자 공자께서 말씀하셨다.

　　"말을 하기 전에 먼저 실천해 봐. 말은 나중에 하고."

-「위정」편

군자란 '인격이 훌륭한 사람'을 뜻해. 영어로 된 『논어』를 보면 'true gentleman'이라고 번역되어 있어. 물론 반드시 남자만 말하는 게 아니란 건 알지? 공자 시대에는 "서 사람은 정말 훌륭한 사람이야."라는 말을 "저 사람은 군자야."라고 했어.

4 - 공자께서 말씀하셨다.

　　"배우기만 하고 생각을 안 하면 세상 물정을 모르게 되고, 생각만 하고 배우지 않으면 위태롭다."

-「위정」편

아무리 많이 배우고 학벌이 좋아도 생각 없이 살면 외톨이가 되거나 시대를 거스르는 일을 할 가능성이 커. 반대로 생각만 많고 배우지 않으면 사기꾼이 되거나 약삭빠른 사람이 될 수 있지.

5 - 공자께서 말씀하셨다.

　　"분발하지 않는 학생은 이끌어 줄 수 없고, 고민하지 않는 학생은

　　발전하게 만들 수 없다."

-「술이」 편

　　공자는 냉정한 선생님이었어. 제자들이 노력하지 않으면 아예 가
르치지 않았어. 공자의 제자들은 선생님에게 끊임없이 질문하고 또
질문했어. 공자는 지치지 않고 대답했지. 질문이란 분발하고 고민하
는 학생만 할 수 있는 법. 질문 없이는 공부도 없어.

6 - 공자께서 말씀하셨다.

　　"사람이 인하지 않으면 예가 무슨 소용이며, 사람이 인하지 않으면

　　음악이 무슨 소용이랴."

-「팔일」 편

　　'인仁'은 공자 사상의 핵심이야. 그렇다면 인이란 대체 뭘까? 제자
번지가 "인이 무엇입니까?" 하고 묻자 공자는 간단히 "사람을 사랑
하는 것이다."라고 답해. 그러니까 공자는 "사람이 사람을 사랑하는
마음이 없다면 예도, 음악도 모두 소용없는 것이다."라고 말하고 있

는 거야. 결국 공자 선생님이 가장 중요하게 생각한 것은 제사도, 예도, 음악도 아니고 '사랑하는 마음'이었어.

7 - 공자께서 말씀하셨다.

"사람은 자기가 잘한다고 믿는 것 때문에 잘못을 저지른다. 잘못을 보면, 그 사람의 인한 정도를 알 수 있다."

―「이인」편

이 구절에 대해 다산 정약용 선생은 『논어고금주』라는 책에서 이렇게 해설했어.

智者作過 恒以智(지자작과 항이지)

勇者作過 恒以勇(용자작과 항이용)

"지혜로운 자는 항상 지혜 때문에 허물을 저지르고, 용기 있는 자는 항상 용기 때문에 허물을 저지른다."

돈 많은 사람은 돈 때문에 갑질을 하고, 똑똑한 사람은 그 똑똑함 때문에 오만해지고, 잘생긴 사람은 그 외모 때문에 실수를 하지. 사람은 누구나 자기 잘난 멋에 살지만 그 잘남 때문에 치명적인 과오를 저지른다는 말이야. 그러니 늘 조심하고 또 조심하란 뜻이지.

8 – 공자께서 말씀하셨다.

"덕은 외롭지 않고 반드시 이웃이 있다."

-「이인」편

덕이 있는 사람은 늘 베풀며 살아가지. 이런 사람이 어려움에 빠지면 주위에서 나서서 도움을 주게 되어 있어. 그러나 평소에 자기 이익만 추구하고 남을 위하지 않고 살아왔다면 그가 어려움이 닥쳤을 때 아무도 도와주지 않아. 이것이 세상의 이치야!

9 – 공자께서 말씀하셨다.

"인한 사람은 자신이 일어서고자 할 때 남을 먼저 일으켜 세우고, 자신이 잘되고 싶을 때 남을 먼저 잘되게 한다."

-「옹야」편

인한 사람은 '다른 사람을 사랑하는 사람'이라고 했지? 공자 시대에 살았던 사람들은 모두 '인한 사람'이 되고 싶어 했어. 군자가 인격이 훌륭한 사람이라면, 인한 사람은 인격도 훌륭하고 타인을 배려하는 사람이라 할 수 있지. 한마디로 군자보다 한 단계 위의 완성된 사람을 말해. 이런 사람은 자신보다 남을 먼저 일으켜 세움으로써 자신이 우뚝 서게 돼. 또한 남을 먼저 잘되게 함으로써 자신이 잘되는 길을 찾아. 우리가 잘 아는 사람들 중에서 찾아보자면 마더 테레사나 김수한 추기경 같은 분이 인한 사람의 표본이라 할 수 있겠지.

10 - 공자께서 말씀하셨다.

"잘못이 있어도 고치지 않는 것, 이것이 바로 잘못이다."

－「위령공」편

　이런 걸 바로 '공자님 말씀'이라고 하는 거야. 어떻게 보면 아주 당연한 말이지. 그런데 왜 제자들은 이 말을 굳이 『논어』에 써 놓았을까? 공자 시대에 제자들은 선생님 댁에서 먹고 자면서 24시간 같이 지냈어. 많을 때는 1백여 명의 제자들이 공자와 함께 생활했지. 어떤 사람은 평생 공자를 섬겼어. 자로란 제자는 40년 가까이 공자를 스승으로 모셨지. 제자들이 매의 눈으로 관찰해 보니 공자 선생님은 당신이 한 말을 반드시 지키신단 말이야. 잘못이 있으면 꼭 고치셨어. 보통 사람과 달랐던 거야. 이런 분이 "잘못이 있어도 고치지 않는 것, 이것이 바로 잘못이다."라고 말했다면? 적어야지, 안 그래?

공자와 제자들의
아름다운 하모니

공자에게 많은 제자들이 있었다고 했잖아. 그중에는 아주 뛰어난 이들도 있었어. 공자라는 훌륭한 스승과 그를 따르는 제자가 만들어 낸 아름다운 장면들을 읽어 볼까?

 굶어 죽어도 신념은 지켜야지

염유가 물었다.

"선생님이 위나라 임금을 위해 일하실까?"

자공이 말했다.

"글쎄, 내가 한번 여쭤볼게."

자공이 안으로 들어가 공자께 여쭈었다.

"저, 백이와 숙제는 어떤 사람입니까?"

"옛날의 현인이지."

"자신들의 처지를 원망했을까요?"

"자신들의 신념대로 살다가 죽었는데 무엇을 원망했겠느냐?"

자공이 밖으로 나와서 말했다.

"선생님께서는 위나라 임금을 위해 일하지 않으실 거야."

「술이」편에 나오는 이야기야. 이 이야기는 고차원의 은유를 담고 있어. 당시 위나라 왕족은 아버지와 아들이 정권을 잡기 위해 서로 싸우는 콩가루 집안이었어. 그런데 공자의 제자 염유는 약삭빠른 사람이라 위나라 임금 출공 쪽과 인맥을 맺고 있었지. 출공의 아버지 괴외는 반란을 일으켜 아들을 몰아내려 하고 있었어. 이에 위출공 측에서 "공자 선생을 우리 편으로 끌어들여 주시오."라고 염유에게 부탁했어. 염유는 이걸 선생님한테 직접 물어보지 못하고 공자의 최측근인 자공에게 상의한 거야. 두 사람이 친구였거든.

자공은 "알았어, 내가 여쭤볼게." 하고는 선생님 방으로 들어가. 그리고, "선생님, 지금 위출공 쪽에서 선생님을 스카우트하겠다고 연락이 왔는데 가실 겁니까?" 하고 물어봐야 하는데 전혀 엉뚱한 질문을 던져.

"백이, 숙제가 어떤 사람이었죠? 지난번에 말씀해 주셨는데 제가 까먹어서요."

백이와 숙제는 은나라의 신하로, 새 왕조를 세우려는 주무왕에 반대하고 수양산에 들어가 굶어 죽은 사람들이야. 충신의 대명사요, 신념을 지키기 위해 목숨까지 내던진 사람들이지.

책을 보던 공자님이 답해.

"옛날의 현인이지. 새 정권과 타협 안 하고 굶어 죽었잖니."

"아, 그렇죠. 그럼 그들은 세상을 원망했겠죠?"

"무슨 소리! 굶어 죽는 한이 있어도 신념을 지키는 게 맞지. 그 사람들이나 우리나 자존심 빼면 시체 아니냐."

자공은 생각했어.

'역시 우리 선생님! 지금 좀 어렵더라도 바르지 못한 사람을 위해 일하지는 않겠다 이거네!'

선생님 마음을 알아내는 데에 이런 고차원적인 비유를 사용한다는 건 선생도 제자도 모두 수준이 높아서 가능한 거야.

너 놀러 갈 때 나도 부르렴

자로, 염유, 공서화, 증점이 공자를 모시고 앉아 있을 때, 공자께서 물으셨다.

"만약 너희를 알아주는 사람이 있어 일을 맡긴다면 무슨 일을 하고 싶으냐?"

자로가 불쑥 나서며 대답했다.

"큰 나라에 가서 국방을 책임지고, 백성을 용감하게 만들며 잘 살수 있도록 하겠습니다."

공자가 미소를 짓자 염유가 말했다.

"작은 고을에 가서 다스릴 수 있다면 그곳의 백성들을 풍족하게 만들겠습니다."

공서화가 대답했다.

"나라에 의식이 있을 때나 제사를 지낼 때 돕는 사람이 되고 싶습니다."

"점아, 너는?"

거문고를 조용히 타고 있던 증점은 공자의 질문을 받고 크게 '띠 리링!' 하고 거문고를 내려놓더니 일어나 말했다.

"저는 세 사람과 생각이 다릅니다."

"무슨 상관이야? 다 제멋대로 대답한 건데."

증점이 말했다.

"늦은 봄에 옷을 멋지게 지어 입고, 친구 예닐곱 명과 맑은 물에 서 목욕하고 넓은 바위에서 바람이나 쐬며 노래하고 싶습니다."

공자께서 감탄하시며 말씀하셨다.

"아! 나는 점이랑 같이 가련다."

「선진」 편에 나오는 일화야. 정말 재미있는 이야기지? 어느 날 심 심해진 공자 선생님이 제자 네 명에게 장래 희망을 물어봐. 용맹한 자로는 국방부 장관이 되고 싶다 하고, 염유는 군수나 시장이 되고 싶다 하고, 공서화는 나라의 의전 담당자가 되고 싶다고 해. 그런데 증점이 엉뚱한 대답을 하지.

"어휴, 전 얘들하고 생각이 달라요. 공자학당 졸업하고 나면 새 옷 으로 멋지게 차려 입고 놀러 가야죠. 홍대 클럽 같은 데로. 하하하."

증점의 대답에 대한 공자의 반응은? "야, 너 갈 때 나도 불러!"였 어. 엉뚱한 제자에 엉뚱한 선생이지?

자공이 물었다.

"가난하면서도 아첨하지 않고 부유하면서도 교만하지 않으면 어떻습니까?"

공자께서 말씀하셨다.

"괜찮다. 하지만 가난하면서도 즐겁게 살고 부유하면서도 예를 좋아하는 사람만은 못하다."

자공이 말했다.

"『시경』에 '자르고 다듬고 쪼고 갈다.'라고 한 것은 바로 이런 것을 두고 말하는 것이겠군요!"

공자께서 말씀하셨다.

"이제야 너와 함께 『시경』을 이야기할 수 있겠구나. 지나간 일을 알려 주었더니 앞으로 닥쳐올 일을 아니 말이다."

「선진」 편에 나오는 장면이야. 이 장면에는 "어떻게 살 것인가?"에 대한 스승과 제자의 고차원적인 대화가 담겨 있어.

자공이 먼저 물어.

"가난하면서도 비굴하지 않고 부자이면서 잘난 척하지 않는다. 그 정도면 괜찮은 사람인 거죠?"

공자 선생님은 자공의 마음을 알았어. 자공은 자신이 말한 정도의 사람이 되고 싶었던 거야. 공자는 스승으로서 한 차원 더 높은 삶의 태도를 제시하지.

"그 정도도 괜찮지만 가난하면서도 삶을 즐기고 부자이면서도 예의 바른 사람이라면 더 좋겠지."

띠용! 자공은 스승의 의도를 깨달았어.

"아하! 『시경』에 나오는 '절차탁마 切磋琢磨(옥돌을 자르고 다듬고 쪼고 간다는 뜻으로, 학문과 덕행을 갈고 닦음을 이르는 말)'란 말이 그런 뜻이군요. 자기 상황에서 더 갈고 닦아서 완성된 인격체가 되라는 말이지요?"

공자 선생님은 100점짜리 대답을 한 자공이 너무 예뻐서 "이제야 너와 말이 통하는구나." 하는 말로 칭찬해. 이런 장면은 동양 사상의 빛나는 순간이라 하지 않을 수 없어.

공자, 이런 모습 처음이야

이번에는 성인 공자의 의외의 면모가 돋보이는 대목들을 살펴볼 거야. 앞에서도 공자는 사랑도 알고 유머 감각도 있다고 했지? 여기서는 공자의 인간적인 면을 더 잘 느낄 수가 있어.

공자께서 자유가 다스리는 무성武城에 가셨을 때, 무성 관청 안에서 현악기를 연주하며 노래 부르는 것을 들으셨다. 선생께서는 빙그레 웃으시며 말씀하셨다.

"닭 잡는 데 어찌 소 잡는 칼을 쓰는가?"

제자들도 같이 웃었다.

나중에 공자님을 마중 나온 자유가 그 이야기를 듣고 말했다.

"예전에 선생님께서 '군자가 도道를 배우면 남을 사랑하게 되고, 소인이 도를 배우면 부리기 쉬운 교양인이 된다.' 라고 하셨습니다. 저는 이 고을 사람들을 '도'로 다스리기 위해 음악을 연주하는 것입니다. 선생님도 저희를 음악으로 가르치지 않으셨습니까?"

공자께서 말씀하셨다.

"얘들아, 자유의 말이 옳다. 아까 한 말은 농담이야, 농담!"

「양화」편에 나오는 이야기야. '닭 잡는 데 소 잡는 칼을 쓴다.'라는 말은 자유가 작은 고을인 무성을 다스리면서 마치 한 나라를 다스리기라도 하는 것처럼 악단을 운영한다는 말이야. 공자 선생님이 이 말을 하면서 살짝 자유를 비꼬며 웃었어. 그런데 자유가 "선생님이 가르쳐 주신 대로 한 건데, 뭐 잘못됐나요?"라고 항의하자 바로 꼬리를 내리면서 "It's a joke!"라고 하신 거지. 잘못을 금방 인정하는 공자 선생님, 좀 멋지지 않니?

내가 상갓집 개 같다고?

공자가 정나라에 갔는데 제자들과 서로 길이 어긋나서 공자 홀로 성곽의 동문에 서 있었다. 정나라 사람 중에 어떤 이가 자공에게 말했다.

"동문에 어떤 사람이 있는데 그 이마는 요임금과 닮았고 목은 고요(순임금의 신하로 형벌을 맡았던 사람)와 비슷하며 그 어깨는 자산(정나라의 정치가로 공자가 존경했던 인물)과 닮았는데, 허리 이하는 우임금보다 세 치가 짧으며 풀 죽은 모습은 마치 상갓집 개와 같았습니다."

자공은 공자에게 사실대로 고했다. 공자는 기쁘게 웃으며 말했다.

"그가 그린 내 모습이 꼭 맞을 수는 없지만, 상갓집 개와 비슷하다고 한 것은 맞지! 맞아!"

이 대목은 사마천이 쓴 「사기 세가」 중 공자에 대해 묘사한 부분이야. 공자가 제자들과 길이 어긋나서 찾아 헤매다 다시 만났어. 그 와중에 자공에게 어떤 사람이 공자를 봤다면서 묘사를 하는데, 처음에는 역사 속 성인처럼 묘사하더니 마지막에는 "상갓집 개와 같았다."

◆ 사마천, 김원중 옮김, 「사기 세가」, 민음사, 2010, 670쪽

라고 하는 거야. 상갓집 개라면 주인이 죽고 더는 돌봐 주는 사람이 없으니 비쩍 마르고 불쌍해 보이지 않겠어? 공자가 꼭 그랬다는 말이지. 그런데 자공은 또 이 말을 공자에게 그대로 전해. 공자 선생님은 자기를 비웃는 말에도 웃으며 맞장구를 쳐. 속 좁은 사람이라면 절대 그러지 못했을 텐데, 참 너그러운 분이야.

노래를 시켰다면 답가는 예의지

공자께서는 제자들과 함께 있을 때, 누군가 노래를 잘하면 반드시 다시 부르게 하시고 그 뒤에 선생님이 나서서 답가를 부르셨다.

우아! 제자에게 노래를 시키면 "앙코르!"를 꼭 외치셨고, 그에 대한 보답으로 선생님도 노래를 부르셨다는 거잖아. 2,500년 전, 중국의 작은 마을에서 선생과 10여 명의 제자가 모여 금을 켜며 함께 노래하는 모습을 상상해 봐. 생각만 해도 저절로 미소가 지어지지 않아? 이 유쾌한 이야기는 「술이」 편에 나와.

죽어 보면 알겠지

독자들은 공자의 유머 넘치는 말에 별로 주의를 기울이지 않는다. 가장 좋은 본보기가 『공자가어』에 나오는 다음 대목이다.

자공이 물었다.

"죽은 자에게도 감각이 있을까요?"

공자가 대뜸 대답했다.

"죽어 보면 알 거야."◆

앞서 자로에게도 비슷한 말을 했지. 공자가 "죽어 보면 안다."라고 이야기한 것은 공자 자신도 죽어 보지 않아서 죽은 자에게 감각이 있는지 없는지 모르기 때문이었어. 할 말 없게 만드는 공자의 탁월한 유머 감각! 인정 안 할 수 없지?

가끔 잘난 척하는 자로에게 공자 선생님이 이렇게 말했어.

"자로야, 너에게 아는 것이 무엇인지 말해 주마. 아는 것은 안다고 하고, 모르는 것은 모른다고 하는 것. 그것이 바로 아는 것이다."

공자께서 공부의 기초를 확실히 알려 주셨어. 아는 것은 안다고 말하고 모르는 것은 솔직하게 모른다고 인정하는 것. 그것이 아는 것이요, 지혜요, 공부하는 사람의 기본 자세라고 말이야. 자, 그럼 앞으로는 모르는 걸 안다고 하기, 있기? 없기?

◆ 임어당, 김영수 옮김, 「공자의 유머」, 아이필드, 2010, 41쪽

4

『맹자』

혁명가의 얼굴을 한 유학자의 정치 철학

수백 명을 이끌고
세상을 떠돌다

여러분은 아마도 '맹자孟子' 하면 맹모삼천지교孟母三遷之教가 떠오를 거야. 맹자를 교육시키기 위해 맹자 어머니가 세 번 이사를 했다는 아주 유명한 이야기지. 이 이야기는 한나라 조기(108년~201년)가 쓴 『맹자장구』에 나와. 맹자 어머니가 자식 교육에 매우 열성적이었던 것은 사실인가 봐. 한나라 때 나온 『열녀전』이란 책에도 이런 일화가 있거든.

맹자가 한창 공부를 해야 할 나이에 공부를 게을리하자, 맹자 어머니가 짜고 있던 베를 자르고는 "이런 식으로 하다 말면 공부가 되겠니?" 하고 혼을 냈다고 해. 여기서는 '맹모단기孟母斷機'라는 고사성어가 나왔지. 어머니의 교육에 힘입어 맹자는 열심히 공부했고, 결국 역사에 이름을 남긴 대사상가가 되었지.

맹자는 B.C. 372년쯤 태어나 B.C. 289년경에 세상을 떠났어. 이름은 가軻이고 추나라 출신인데, 이 작은 나라는 나중에 노나라에 흡수되지. 결국 공자도 맹자도 모두 노나라 사람이야. 이쪽 지역에 학문의 기운이 세게 감도나 봐. 『사기 열전』에 보면 맹자가 공자의 손자인 자사子思의 제자한테 배웠다는 기록이 있어. 맹자는 스스로 "공자의 사상을 독학으로 배웠다."라고 말해.

　맹자는 학자로 명성을 떨쳐서 수레 수십 대와 수백 명의 제자들을 이끌고 이 나라 저 나라를 돌며 유세를 펼쳤어. 『맹자孟子』에는 "송나라 왕에게 여비로 황금 70일鎰을 받았다."는 기록이 있어. 황금 1일은 약 스무 돈이니까 70일이면 1,400돈이지. 지금 돈으로 환산하면 약 2억 8천만 원이야. 차비로 그 정도를 받았다니 대단하긴 하지?

　맹자는 젊은 시절부터 제나라－송나라－추나라－노나라－등나라－양나라－다시 제나라 등을 오가며 관직을 맡길 원했어. 맹자는 철학자이기도 하지만 정치가이기도 했거든. 여러 나라의 왕을 만나서 왕이 묻는 말에 대답도 해 주고, 이런저런 문제점에 대해 조언도 해 주었지. 제나라에서는 '객경'이라고 해서 왕이나 대신들에게 자문해 주는 손님 역할을 몇 년 하기도 했어. 정신적 스승이었던 공자가 그랬던 것처럼 천하를 돌아다니며 어지러운 세상을 다스리는 방법에 대해 이야기한 거지. 그런데 공자와 마찬가지로 한 나라에 지속적으로 등용되어 자신의 뜻을 펼칠 기회는 거의 없었어. 왜 그랬을까?

1. 연봉을 많이 달라고 해서
2. 공자처럼 되고 싶어서
3. 왕이 원하는 말을 하지 않아서

정답은 3번이야. 당시는 공자가 살았던 시대보다 더 전쟁이 잦았던 '전국 시대'야. 왕들이 원했던 건 국방을 튼튼히 하는 것, 농업 생산을 늘리는 것, 상대 국가보다 부유하게 되는 것 등등인데 맹자는 인의를 강조하고 역성 혁명을 주장했어. 그러니 왕들이 써 줄 리 없었지. 결국 공자와 비슷한 생애를 살 수 밖에 없었어. 『맹자』의 첫 구절을 보면 왜 정답이 3번인지 알 수 있어.

목숨이 하나라도 쓴소리는 해야

맹자가 양혜왕을 만났다. 왕이 말했다.
"선생처럼 유명한 분이 천 리를 마다 않고 오셨으니 장차 우리나라에 이익이 있겠지요?"

「양혜왕」 상편에 나오는 말이야. 양혜왕은 위魏나라 왕이야. 수도가 대량大梁이어서 양나라라고도 불렸기 때문에 양혜왕이라고도 해.

만약 우리가 맹자처럼 여기저기 떠돌며 관직을 구하는 정치인이고 양혜왕은 우리를 쓸지 말지 결정하는 사람이라면 저 물음에 뭐라고 답해야 할까?

"물론이죠. 저는 양나라에 이익이 되는 일을 많이 알고 있습니다. 우선 군비를 확충해서 군사를 강하게 하십시오. 그러기 위해서는 세금을 더 거두어야 합니다. 지금보다 30퍼센트 더 세금을 내라고 하십시오. 그중 반은 제가 갖고 반은 왕께서 갖고 어쩌고저쩌고……."

이런 말을 했다면 왕이 좋아했을 거야. 그런데 맹자는 다짜고짜 이렇게 대답해.

"하필 왕께서는 이익에 대해 이야기하십니까? 오직 인의만 있을 뿐입니다. 왕이 '어떻게 해야 우리나라에 이익일까?'를 말하면 관리들은 '어떻게 하면 우리 가문에 이익일까?'를 말하게 되고, 백성들은 '어떻게 하면 나한테 이익일까?'를 말하게 됩니다. 위아래가 모두 이익만을 원하면 나라가 위태로워집니다."

당시는 유세객이든 관리든 왕의 말 한마디에 목숨이 날아갈 수도 있었어. 왕이 화나면 대책 없는 거야. 그런데 맹자를 좀 봐. 아예 왕의 성미를 돋우고 있어. 맹자는 도대체 뭘 믿고 그랬던 걸까?

"공자님 믿고 그런다. 왜?"

아마 이렇게 대답하지 않았을까?

맹자가 말했다.

"백성이 가장 귀하고, 사직은 그다음이고, 군주는 하찮다. 그러므로 백성의 마음을 얻으면 천자가 되고, 천자의 마음을 얻으면 제후가 되고, 제후의 마음을 얻으면 대부가 된다.

만약 제후가 사직을 위태롭게 하면 제후를 바꾸면 된다. 살찐 희생물을 마련하고 정결한 곡식을 제물로 바치고 때에 맞춰 제사를 지냈는데도 가뭄이 들거나 물난리가 나면 사직의 신을 바꾸면 된다."

「진심」 하편에 나오는 말이야. 맹자 시대의 천자는 주나라의 왕이고, 제후는 각 지역에 흩어진 봉건국의 군주를 뜻해. 앞에서 설명했던 왕의 개념 기억하지? 봉건국의 군주는 '공' 또는 '후'라고 불렸어. 춘추 시대까지는 주나라 왕을 천자로 인정하면서 각 봉건 국가에서 조공을 바쳤어. 그런데 전국 시대에 들어서서 봉건 국가의 힘이 세지자 제후들은 주나라 왕을 대놓고 무시했어. 한 술 더 떠서 공이나 후라는 이름 대신 너도 나도 '왕'이라 칭하기 시작했지. 주나라에 대한 반역이 분명한데도 아무도 그걸 탓하지 않았어. 그런데 같은 봉건국이라도 제나라나 양나라 같은 강국은 제선왕, 양혜왕처럼 왕을 칭했지만, 등나라나 추나라 같은 작은 나라는 여전히 군주를 '공'이라 불렀어. 쪼그만 나라를 다스리면서 왕이라고 하면 옆의 큰 나라에서 시비를 걸어 집어삼켜 버렸거든.

맹자는 왕이든 천자든 백성의 마음을 얻지 못하면 갈아 치워야 한다고 했어. 그런데 거기서 끝이 아니야. 제사를 지내는 이유는 토지의 신과 곡식의 신, 즉 사직의 신이 백성을 잘 돌봐 줄 거라고 믿기 때문이야. 그런데 정성을 다해서 제사를 지냈는데도 가뭄이나 홍수가 난다면?

"신을 갈아 치우면 된다!"

이게 바로 맹자의 대답이었어. 맹자는 눈 하나 깜짝 않고 "인간을 괴롭히는 신 따위는 필요 없다. 다른 신을 섬기면 그만이다!"라고 말

한 거야. 인간을 위해서라면 신도 버릴 수 있다고 생각한 맹자, 이 정도면 인류 최초의 혁명가라고 할 수 있지 않을까?

힘들어도 힘내

맹자가 말했다.

"하늘이 장차 어떤 사람에게 큰일을 맡기려 할 때는

반드시 먼저 그의 마음을 괴롭게 하고,

그의 뼈마디가 꺾이는 고통을 주고,

그의 배를 굶게 하고,

그의 몸을 가난에 찌들게 하여,

하는 일마다 뜻대로 되지 않게 만든다.

왜?

그의 마음을 분발하게 하고

참을성을 갖게 하려고.

그래서 지금까지 그가 할 수 없었던 일을

능히 해낼 수 있게 하려고."

「고자」하편에 나오는 말이야. 만약 여러분의 마음이 많이 괴롭다면, 뼈가 꺾이는 것처럼 고통스럽다면, 또 가난에 찌들어 배가 고프다면, 하는 일마다 뜻대로 되지 않는다면 어떨까? 맹자 선생님 말씀에 의하면, 여러분이 그런 처지라면 하늘이 여러분에게 큰일을 맡기려고 그런 시련을 준 거야. 좀 더 분발해서 참을성을 갖고 지금까지 못 해냈던 큰일을 하라고 말이지.

역사에 남은 위인들은 모두 업적을 세우기 전에 큰 고난을 겪었어. 대표적인 예로, 이순신 장군은 명량 해전에서 133척의 왜군을 물리치기 위해 고작 열세 척의 배로 바다에 나섰어. 장군은 백성들을 다스리고, 스스로 양식을 마련하고, 목수를 설득해 배를 고쳐 가면서 전투에 임했지. 그분의 가장 큰 고통은 아마 두려움이었을 거야. '이기지 못하면 어떡하지?', '이번에 내가 죽으면 어떡하지?', '왜군 배가 수적으로 훨씬 많은데 우리 군사들이 당하면 어떡하지?' 등등. 이순신 장군은 이런 열악한 상황과 두려움 속에서 왜군을 물리친 거야. 일본의 장수들은 이순신 장군 같은 절실함이 없었거든. 때로는 결핍이 어떤 일을 해내는 가장 큰 에너지가 되기도 해.

내가 제일 소중해

맹자가 말했다.

"사람은 모두 귀한 것을 바라지만 정작 자기에게 귀한 것이 있다는 것을 생각하지 못한다. 남이 귀하게 해 주는 것은 참으로 귀한 것이 아니다. 조맹趙孟이 귀하게 해 준 것은 조맹이 천하게 할 수도 있기 때문이다."

「고자」 상편에 나오는 말이야. 조맹은 춘추 전국 시대 진晉나라의 권력자였어. 그는 좋은 관직에 자기와 친한 사람을 임명하곤 했어. 그래서 조맹 덕분에 좋은 위치에 오른 사람은 그에게 잘 보이려고 애썼지. 가령 어떤 사람이 조맹 덕에 마을의 군수가 되었다 치자고. 이 사람은 마을 사람을 위하기보다는 세금을 거두어서 조맹에게 갖다 바치는 데 신경을 쓰지 않았을까? 왜냐고? 조맹의 마음에 안 들면 언제든 잘릴 수 있으니까.

그래서 현대 민주주의에서는 지방 자치 제도를 실시하고 있지. 우리나라만 해도 박정희, 전두환 정권 시절(1963년~1988년)에는 대통령이 시·도지사를 임명했어. 시·도지사들은 박정희 또는 전두환 씨의 눈치를 보기 바빴지. 그들의 눈 밖에 나면 바로 해임되니까. 하지만 1991년 이후 지방 자치제가 실시되고 나서는 그럴 이유가 없어졌어. 이제는 자기가 출마하려는 지방의 유권자들, 즉 시민이나 도민, 군민들에게 잘 보이려고 노력해. 그들에게 좋은 정책을 펴고 유리한 정치를 해야 다시 뽑힐 테니까.

맹자의 말씀은 조맹 덕분에 좋은 자리에 앉은 사람은 그 조맹에 의해 다시 나쁜 자리로 갈 수 있는 것처럼, 타인에 의해 귀하게 된 사람은 타인에 의해 역시 천하게 될 수도 있다는 의미야. 누군가에게 잘 보여서 좋은 자리에 가거나 잘되길 바라지 말라는 거지.

맹자가 말했다.

"만약 약손가락이 구부러져 펴지지 않는다면 사람들은 그것 때문에 딱히 아프지도 않고 하는 일에 장애가 되지 않아도, 그것을 펼 수 있는 사람이 있다면 진나라와 초나라 사이처럼 먼 길이라도 찾아갈 것이다.

왜 그럴까? 자기 손가락이 남과 다름을 알기 때문이다. 그러나 손가락이 남과 다른 것은 싫어하면서도 마음이 남과 다른 것을 싫어할 줄 모른다면, 그야말로 어떤 일이 더 중한지를 알지 못하는 것이다.

여기 작은 오동나무나 가래나무가 있다. 누구나 이것을 기르는 방법을 안다. 그런데 자기 자신을 기르는 방법을 아는 사람은 아무도 없다. 어떻게 자신을 사랑하는 것이 오동나무나 가래나무만도 못한가? 너무 생각이 없구나."

역시 「고자」 상편에 나오는 말이야. 맹자는 "세상 그 누구보다 너 자신이 가장 소중하다."라고 말해. 나무 기르는 법보다 자기 자신을 기르는 방법을 알아야 한다는 거지. 자기 자신을 기르려면 어떻게 해야 할까? 여러 가지 방법이 있겠지만 가장 좋은 것은 독서야. 여러분 나이 때는 공부 말고도 다양한 책을 읽어야 해. 만약 "공부하느라 바빠서 책을 못 읽는다."라고 한다면 나중에 어른이 되어도 책 읽을 시간이 없을 거야. 그때는 일하느라 바빠서 못 읽을 테니까. 세계의 리더들은 모두 독서광이야. 역사 이래로 책 읽는 사람이 책 읽지 않는 사람을 지배하고 있어. 그러니 이제부터 책을 좀 읽자고. 지금 이 책을 읽고 있는 그대, 잘하고 있는 거야.

위대한 사상가를 만든 좋은 제자들

맹자가 오늘날 위대한 사상가로 인정받는 데는 제자들 역할이 컸어. 좋은 선생은 좋은 제자가 만드는 거야. 그럼 어떤 제자가 좋은 제자일까?

1. 선생님을 무조건 옳다고 여기고 따르는 제자
2. 선생님을 경제적으로 도와주는 제자
3. 선생님에게 제대로 된 질문을 하는 제자

답은 3번이겠지? 맹자의 제자들은 맹자에게 혹독할 정도의 질문을 던졌어. 그중에서도 '맹자를 곤란하게 할 정도로 질문을 잘했던 제자 Top 3'를 알아볼 거야.

제자 팽경이 물었다.

"감히 묻겠습니다. 선생님은 수십 대의 수레와 수백 명의 제자를 거느리고 왕들을 찾아다니며 밥을 얻어먹고 있습니다. 이것은 너무한 일 아닙니까?"

맹자가 답했다.

"올바른 방법이 아니라면 한 그릇의 밥이라도 받아서는 안 되겠지. 하지만 올바른 방법이라면 천하를 물려받는다 해도 지나친 것이 아니다. 순임금이 그랬다. 너는 우리가 너무하다고 보느냐?"

"아닙니다. 단지 일하지 않고 먹는 것이 옳지 못하다는 말입니다."

"만약 네가 농사짓는 사람과 베 짜는 사람을 연결시켜 주어 서로 유통하게 하면 그들은 모두 네 덕분에 생계를 유지하는 셈이다. 그런데 어떤 사람이 효와 예와 도를 후대에 전해 주는 일을 하는데도 네가 그에게 밥을 주지 않는다면 어떻겠느냐? 너는 어째서 목수와 수레 만드는 사람은 존중하면서 인의를 실천하는 선비는 경시하느냐?"

「등문공」 하편에 나오는 대화야. 팽경은 꽤나 현실적인 사람이었어. 여러 나라를 돌아다니며 왕들의 후원을 받는 맹자 선생님이 과연 올바르게 사는 건지 의문을 품었지. "의문이 있을 땐 바로 질문하라!", 이게 좋은 제자들의 좌우명이야. 팽경이 보기에 맹자는 '놀고먹는' 것 같았어. 혹시 우리 선생님 사기꾼 아닌가 하는 생각에 직접 질문을 하지. 맹자의 대답은 현대의 경제 이론을 그대로 담고 있어. 직접 생산하는 사람도, 유통하는 사람도, 컨설팅 업무를 하는 사람도 모두 경제에 기여한다는 이야기야. 대단히 시대를 앞선 생각이었지.

2위 진진, 어찌하여 이것은 받고 저것은 받지 않습니까?

제자인 진진이 물었다.

"예전에 선생님께서는 제나라 왕이 보낸 황금 1백 일은 받지 않으셨는데, 최근 송나라 왕이 보낸 황금 70일과 설나라 왕이 보낸 황금 50일은 받으셨습니다. 예전에 받지 않은 것이 옳다면 최근 받으신 것은 잘못이고, 최근 받으신 것이 옳다면 예전에 받지 않으신 것은 잘못입니다. 선생님께서는 분명 이 두 가지 잘못 중 하나에 해당되십니다."

맹자가 답했다.

"아니다. 둘 다 옳다. 송나라 왕은 내가 떠날 때 노자로 준 것이라 받았다. 송왕이 그렇게 말했는데 받지 않을 수 없었다. 설나라에 있을 때는 내가 위험에 처해 있어 설나라 왕이 "경호하는 데 보태시오" 하며 보냈기에 받았다. 그러나 제나라 왕은 아무 이유 없이 황금을 보냈다. 그건 뇌물로 나를 이용하려는 것이다. 그래서 받지 않았다."

「공손추」 하편에 나오는 대화야. 맹자 제자들이 하는 질문 수준 좀 봐. 거의 선생을 취조하는 수사관 같지 않아? "이보시오, 맹 선생! 당신 말이야, 지난번 제나라 왕이 보낸 황금은 안 받았는데 왜 송왕과 설왕이 보낸 황금은 받았어? 응? 분명 뭐 있지? 다 불어!" 이런 식이잖아. 만약 요즘 중학교에서 학생이 선생님한테 이런 식으로 질문을 한다고 해 봐. 보나마나 엄청 혼나지 않겠어?

훌륭한 선생은 훌륭한 제자가 만드는 거야. 역으로 훌륭한 제자는 훌륭한 선생이 있을 때 존재하지. 제자가 심한 질문을 던져도 여유 있게 받아치는 장면에서 진정한 아성亞聖(공자에 버금가는 성인이라고 하여 '맹자'를 이르는 말)의 모습이 보이는 것 같지 않니?

1위 만장, 부정한 자가 주는 것을 왜 받습니까?

만장이 물었다.

"감히 묻겠습니다. 선생님이 부정 축재한 왕들과 교제하는 것은 무슨 까닭입니까?"

맹자가 답했다.

"공경하는 마음 때문이다."

"왕들이 보낸 예물을 거절하면 불손한 것이란 말입니까?"

"높은 사람이 물건을 줄 때 '이것을 옳은 방법으로 얻었을까 아닐까?'를 생각하고 나서 받는 것은 불손한 것이다. 그래서 굳이 거절하지 않는 것이다."

"속으로 '이건 백성에게 빼앗은 것이니 의롭지 않다.'라고 생각하신다면 다른 구실을 내세워 받지 않으면 안 됩니까?"

"법도를 지켜 사귀고 예의를 지켜 준다면 공자도 그것을 받으셨을 것이다."

"만약 성 밖에서 남의 물건을 강제로 빼앗는 강도가 법도를 지켜 사귀고 예의를 지켜 선물을 보내오면 받아도 된다는 겁니까?"

"받아서는 안 된다."

"오늘날 제후들이 백성들로부터 재물을 취하는 방법이 강도짓과 다를 것이 없습니다. 그런데도 그들이 예를 갖추어 교제하기만 하면 공자와 같은 군자라도 그것을 받았을 것이라고 하시니 어찌 된 말씀이신지요?"

"자네의 비유는 극단적이다."

「만장」 하편에 나오는 대화야. 여기서 만장의 질문은 맹자를 쩔쩔매게 하고 있어. 어찌 보면 인정사정없이 스승을 몰아붙이지. 맹자도 나중에는 할 말이 없어 공자까지 끌어들이고, 결국 "너의 비유가 극단적이다."라며 물러섰어. 일단은 만장의 KO승! 그러나 스승을 이기는 제자가 있으려면 제자에게 져 주는 스승이 있어야 하는 법. 둘은 만만치 않은 제자와 생각이 열려 있는 스승이었지. 맹자를 동양 사상의 거목으로 우뚝 서게 한 사람은 어쩌면 그의 제자들인지도 몰라.

맹자가 지금을 사는 우리에게
전하는 말

옛 성현들의 말씀이 대개 그렇지만 맹자의 가르침은 2,300년이나 지난 지금 우리에게도 여전히 유효해. 지금 우리들의 모습을 다 알고 한 말이라고 여겨질 정도지. 그중 몇 가지만 뽑아 봤어.

외모보다 태도가 중요해

맹자가 말했다.

"서시처럼 예쁜 여자도 쓰레기를 뒤집어쓰고 있으면 사람들은 모두 코를 막고 지나갈 것이다. 반면에 못생긴 사람이라도 목욕재계하면 하늘에 제사 지낼 수 있다."

「이루」 하편에 나오는 말이야. 서시는 오나라 말기 역사에 화려하게 등장한 여인이야. 오나라 왕 부차는 나라를 부흥시킨 명군이었지만 서시를 가까이하면서 점차 판단력이 흐려졌어. 서시는 월나라 출신으로, 월왕 구천이 오왕 부차를 사치와 방탕에 빠지게 하기 위해 보낸 간자間者(간첩)였어. 그녀는 월나라와 오나라를 통틀어 최고의 미녀였고 누구든 한번 보면 그녀의 매력에 빠져 버릴 정도였지. 오왕 부차는 서시를 위해 고소대라는 아름다운 누각과 별궁을 지었어. 많은 백성들이 공사를 하다 죽거나 다쳤지. 부차는 정사는 돌보지 않고 허랑방탕한 세월을 보내다 결국 월나라의 침략으로 죽고 말아.

서시는 얼마나 예뻤던지 사람들은 그녀가 찡그리는 모습까지 흉내 냈어. 여기서 나온 고사가 효빈效颦이야. 효는 모방한다는 뜻이고 빈은 찡그린다는 말이지.『장자』「천운」편에 이런 이야기가 나와.

> 서시가 가슴앓이를 해 이마를 찌푸리고 지냈다. 그 마을에 사는 추녀가 서시를 보고 아름답다 여겨 역시 가슴에 손을 얹고 얼굴을 찌푸리고 다녔다. 그 꼴이 너무 흉하여 마을 사람들이 문을 잠근 채 밖에 나가지 않고 더러는 마을에서 달아나 버렸다.

아무리 이런 서시라도 씻지 않고 냄새가 나면 사람들이 모두 피하겠지. 하지만 못생긴 사람이라도 몸과 마음을 깨끗하게 하면 하늘에 제사를 지내는 막중한 일도 할 수 있다는 거야. 맹자는 "외모보다 태도가 중요하다."라고 말했던 거지.

문제는 경제야

> 등나라 문공이 나라를 다스리는 것에 대해 물었다.
> 맹자가 답했다.

"백성들이란 안정적인 수입이 있으면 안정적인 마음을 갖게 되고 안정적인 수입이 없으면 안정된 마음이 없게 됩니다."

「등문공」 상편에 나오는 말이야. 춘추 전국 시대 제나라 관중이 쓴 『관자』를 보면 이런 말도 있어.

창고가 가득 차야 예절을 알고, 입을 옷과 먹을 양식이 풍족해야 명예와 치욕을 안다.

한마디로 '문제는 경제다.'라는 거지. 돈이 있어야 예의도 차릴 수 있고, 먹고살 만해야 염치도 생기고, 여유가 있어야 문화도 즐길 수 있다는 이야기야. 관중도 맹자도 경제를 중요하게 생각했어. 사람은 안정적인 직업과 경제적 수입이 있어야 해. 당장 굶어 죽게 생겼는데 진리를 논하는 것은 그리스의 디오게네스 같은 철학자나 할 수 있는 일이야. 디오게네스는 늘 허름한 옷을 입고 노숙을 하며, 마치 개처럼 살았거든. 그래서 그리스 사람들은 그를 '견유학파 大儒學派'라고 불렀지. 개와 같이 이곳저곳 돌아다니며 사는 철학자들이라는 뜻이야. 혹시나 해서 하는 말인데, 디오게네스가 정말 개처럼 짖은 건 아니야.

만장이 물었다.

"친구를 사귈 때는 어떻게 해야 합니까?"

맹자가 답했다.

"자신이 나이가 많은 것을 내세우지 않고, 지위가 높다는 것을 자랑하지 않고, 자기 형제 중에 잘난 사람이 있다는 것을 뻐기지 않아야 한다. 친구를 사귄다는 것은 그 사람이 지닌 성품을 좋아하는 것이니 무엇이든 내세우는 것이 있어선 안 된다.

「만장」 하편에 나오는 말이야. 친구가 되자면서 "내가 너보다 생일이 빠르니까 형이라고 불러." 이러면 안 된다는 거지. 또 "내가 회장이니까 알아서 모셔." 이래도 안 돼. "우리 형이 요즘 잘나가는 누구야." 이런 것도 격 떨어지는 행동이야. 안타깝게도 우리 사회에 이런 부덕한 사람들이 아주 많아. 그래도 우리는 그러지 말자고.

맹자가 보는 인간의 본성

다음 중 맹자가 인간이 본능적으로 가진 마음이라고 한 것이 아닌 것은?

1. 다른 사람을 불쌍히 여기는 마음

2. 부끄러워하는 마음

3. 사양하는 마음

4. 쇼핑하고 싶은 마음

정답은 4번. 맹자는 사람에게는 네 가지 마음이 있다고 했어.

1. 다른 사람을 불쌍히 여기는 마음: 측은지심惻隱之心

2. 부끄러워하는 마음: 수오지심羞惡之心

3. 사양하는 마음: 사양지심辭讓之心

4. 옳고 그름을 판단하는 마음: 시비지심是非之心

이 네 가지 마음을 사단四端이라고 해. 사단이란 '네 가지 단서'란 뜻이야. 맹자는 "측은해하는 마음은 인仁의 단서요, 부끄러워하는 마음은 의義의 단서요, 사양하는 마음은 예禮의 단서요, 옳고 그름을 가리는 마음은 지智의 단서다."라고 했어. 이 네 가지 마음은 맹자가 주장한 '성선설'의 기본이기도 하지.

뛰어난 이야기꾼 맹자

『맹자』가 비슷한 시기의 동양 고전인 『순자』나 『묵자』보다 더 많이 읽히는 이유는 맹자가 뛰어난 이야기꾼이기 때문이야. 맹자는 대단한 스토리텔러였어. 상대에게 자기 생각을 말할 때 문학적으로 탁월한 스토리를 만들고 비유를 들어 사람들을 설득했어.

송나라 대부인 대영지가 물었다.

"농민들이 수확한 농산물과 시장 상인들의 수입에 대해 세금 걷는 방식이 잘못되어 있습니다. 하지만 당장 고칠 수는 없습니다. 일단 내년까지 기다린 뒤에 없앨까 하는데, 어떨까요?"

맹자가 대답했다.

"날마다 이웃집 닭을 훔치는 사람이 있습니다. 어떤 사람이 그에게 '그런 짓을 하는 건 옳지 않다.' 하고 말하니 닭 훔치는 사람은 '오늘부터 한 달에 한 번만 닭을 훔치다가 내년에 그만두겠다.' 라고 한다면 어떨까요? 옳지 못하다는 것을 안다면 빨리 고쳐야지 어째서 내년까지 기다린단 말입니까?"

이런 이야기를 들으면 등골이 오싹하지 않았을까? 맹자는 정치 감각이 뛰어나서 어떤 정치인도 그 앞에서는 꼼짝 못 했어. 이 이야기는 「등문공」 하편에 나와. 「공손추」 하편에 나오는 또 다른 이야기도 읽어 볼까?

맹자가 제나라의 평륙(핑루) 지방에 갔을 때 그곳을 다스리는 공거심을 만나 물었다.

"만약 당신의 병사가 하루 동안 세 번이나 탈영을 한다면 그냥 놔두겠소?"

공거심이 대답했다.

"세 번까지 기다리지 않고 처벌하겠지요."

맹자가 말했다.

"당신도 탈영한 병사와 같소. 흉년이 들자 평륙 사람 천여 명이 굶어 죽거나 다른 곳으로 떠났소."

"그건 제 능력으로 해결할 수 있는 일이 아닙니다."

"그래요? 여기 남의 소와 양을 임시로 키워 주기로 한 사람이 있다고 합시다. 그 사람은 소와 양을 위해 목장과 목초를 구해 잘 키우고 기일이 되면 돌려주어야 하오. 그런데 그럴 능력이 없다면 원래 주인에게 돌려주어야 하겠소, 아니면 소와 양이 죽어 가는 걸 보고 있어야 하겠소?"

공거심이 바로 답했다.

"아, 선생님의 말씀을 들으니 깨닫는 바가 있습니다. 흉년의 일은 저의 잘못입니다."

공거심이란 관리는 그래도 말귀를 알아듣는 사람이었어. 맹자는 제나라에 있을 때 여러 고을을 돌아다니며 다스리는 이들을 설득했어. 제발 정치 좀 잘하라고 말이야. 관아의 창고를 열어 굶는 사람들에게 식량을 나눠 주고, 옷 없는 자에게는 옷감을 주고, 과부, 홀아비, 고아, 독거 노인 등을 잘 돌보라고 했지. 관리들은 그저 "예, 예." 하거나 "가난 구제는 나랏님도 못 하는데 왜 나한테 난리야!" 하고 모른 체했어. 오직 공거심만이 맹자의 말을 듣고 잘못을 뉘우쳤지.

맹자는 관리들을 깨우쳤을 뿐 아니라 왕도 설득했어.

맹자가 물었다.

"사람을 죽이는 데 있어서 몽둥이로 때려죽이는 것과 칼로 죽이는 것이 다르다고 생각하십니까?"

양혜왕이 말했다.

"다르지 않지요."

"그렇다면 칼로 죽이는 것과 정치로 죽이는 것은 어떻습니까?"

"다르지 않습니다."

"지금 왕의 주방에는 고기가 가득하고 마구간에는 살찐 말이 넘치는데 백성들은 굶어 죽어 나가고 있습니다. 왕으로서 정치를 잘하고 있는 것입니까?"

"선생께 배우겠습니다."

어때? 설득력 짱이지? 왕도 결국 맹자의 말에 감복했어. 「양혜왕」 상편에 나오는 이야기야. 맹자는 "군주는 덕으로 나라를 다스려야 한다."라고 주장했어. 힘으로 나라를 다스리는 것을 패도 정치라 하고, 덕으로 다스리는 것을 왕도 정치라고 해. 그러나 이 시대는 혼란과 전쟁이 판치는 전국 시대. 왕들은 인의를 앞세운 맹자 앞에서는 설득당하는 척했지만 뒤로는 딴짓을 했어. 맹자 역시 공자처럼 자신의 이상을 펼쳐 보지는 못했어.

맹자는 80여 년을 살았는데 늙어서는 제자들과 함께 『맹자』를 쓰면서 여생을 보냈어. 덕분에 우리는 2,300년 전, 혼란의 시대를 살았던 혁명가 맹자의 사상을 음미할 수 있는 거야. 그러니 이렇게 말해야겠지? 맹 선생님, 고마워요!

5

『장자』

구만 리를 날아가는 새의 눈으로
세상을 보다

장자莊子(B.C. 369년~B.C. 289년경)는 이름이 주周였어. 현재의 하남성 (허난성) 상구(상추) 근방인 몽蒙 지역 출신으로 송나라 사람이었지. 사마천은 『사기 열전』에서 장자에 대해 이렇게 기록했어.

"학문이 넓고 깊어 걸어 다니는 백과사전과 같았다. 그의 말은 거침이 없었고 뛰어난 글솜씨로 인생사에 대해 썼다."

장자는 한때 옻나무밭을 관리하는 하찮은 벼슬을 하다가 그만두고 평생 자연과 벗하며 살았다고 해. 벼슬이 없으니 가난하고 고달프게 살았지. 그의 책 『장자』를 보면 굶기를 밥 먹듯 했고 옷이나 신발도 제대로 갖추지 못했던 것 같아. 가끔 그를 알아본 권력자들이 자기 밑에 와서 일하라고 꼬드겼지만 그는 자유로운 인간이었어. 힘 있는 자에게 아부하거나 관직을 가지려 애쓰지 않았지.

장자의 친구 중에 조상이란 사람이 있었어. 진나라 사신으로 갔다가 성공적으로 임무를 마치고 수십 대의 수레에 금은보화를 가득 싣고 돌아왔지. 지나는 길에 보니 장자가 있는 거야. 조상이 혀를 끌끌 차며 말했어.

"나 같으면 자네처럼 궁상을 떨며 살지는 않을 거야."

장자가 답했어.

"진나라 왕은 병이 나서 의사를 부를 때 종기를 터뜨려 입으로 고름을 빨아 주면 수레 한 대를 주고, 치질을 핥아서 고쳐 주면 수레 다섯 대를 준다더군. 치료하는 부위가 더러울수록 수레 수가 많다던데, 자네도 그의 항문을 빨아 주었나? 수레를 많이도 얻어 왔구먼."

와우! 쎄다, 쎄! 장자는 이렇게 막강한 펀치를 입으로 날리는 사람이었어. 다만 아무에게나 날리지는 않았어. 부정한 방법으로 출세한 사람에게만 강펀치를 썼지. 장자는 평생 가난하게 살았지만 생각과 정신은 가난하지 않았어. 그 어느 누구보다 원대하고 자유로웠지.

이런 대목을 읽다 보면 독자들은 카타르시스를 느끼게 돼. 권력 있고 돈 있다고 으스대는 자들? 그래 봤자 저보다 더 권력 많고 더 돈 많은 자들의 비위를 맞춰 주고 얻은 부스러기로 사는 사람들이잖아. 그런 사람들한텐 "이 더러운 것들아!" 한마디 해 주고 우리 갈 길 가면 되는 거야.

자연의 시간표에 맞게 살자

흔히 장자는 노자老子(B.C. 571년경~B.C. 471년경)의 사상을 계승했다고 알려져 있어. 후세 학자들은 노자와 장자를 '도가'라는 큰 사상으로 묶어 놓고 두 사람의 생각이 비슷한 흐름을 보인다고 여겼지. 도가 사상의 핵심은 있는 그대로 지내는 것, 즉 무위자연無爲自然의 실천이야. 무위無爲란 무슨 뜻일까? 좀 어려운 개념일 수도 있는데, 우리나라 최고의 노자 전문가로 꼽히는 최진석 교수의 풀이를 보자.

"'무위'란 어떤 이념이나 기준을 근거로 하여 행하지 않는다는 말

입니다. 반대로 '유위'는 특정한 기준이나 신념 혹은 가치관 등의 지배하에 하는 행위를 말합니다 물론 아무 생각 없이 바보처럼 행동한다는 뜻은 아니지요. 이념이나 기준에 휘둘리지 않는다는 말입니다. 이념이나 기준을 머리에 이고 숭배하면서 그것에 의존하는 것이 아니라, 그것들을 밟고 선다는 뜻입니다."

공자와 맹자는 현실 속에서 인간과 인간 사이의 관계를 중요하게

◆ 최진석, 『생각하는 힘, 노자 인문학』, 위즈덤하우스, 2015, 243~244쪽

여겼어. 그래서 "세상을 A와 같이 봐야 한다."라고 주장했어. 기준과 가치에 따라 세계를 보고 그것에 맞춰 살아야 한다고 생각한 거지. 노자와 장자는 달랐어. "세상이 보여지는 대로 보면 그만이다."라는 거야. 기준과 가치가 따로 있는 게 아니라는 말이지.

우주와 자연을 자세히 보면 늘 변화하고 움직이고 있어. 그것을 있는 그대로 받아들이고 변화하는 진리를 알게 되면 타인이 만들어 놓은 규범에 얽매일 필요가 없어. 자연의 꽃을 봐. 아무리 하찮은 들꽃이라 해도 모든 꽃은 저만의 시간과 의미가 있어. '매년 4월 15일 낮 12시에 일제히 피었다가 일주일 뒤 12시에 동시에 지자…….' 들꽃들은 이런 식으로 살지 않아. 자기만의 시간을 창조하지. 이게 무위야. 일부러 어딘가에 맞추지 않고 자연의 시간표에 맞게 사는 것. 자연의 시간표가 곧 자기의 시간표가 되는 삶. 노자와 장자는 그런 삶이 유가에서 말하는 인위적 삶보다 더 진리에 가깝다고 보았어.

뻥으로 시작하는 이야기의 깊은 울림

호탕하고 열려 있는 성격 탓에 장자 곁에는 친구와 제자들이 많았어. 게다가 대단한 스토리텔러여서 장자의 이야기를 듣겠다고 모여드는 사람들이 많았지. 그럼, 장자가 어떤 이야기를 들려주었는지 볼까?

『장자』의 첫 대목에는 이런 이야기가 나와.

구만 리 날아 봤어?
안 날아 봤으면 말을
하지 마.

난 커서 새가
될 테야. 뻐끔뻐끔.

북쪽 깊은 바다에 물고기 한 마리가 산다. 이름은 곤인데, 그 크기가 몇천 리인지 모를 정도다. 이 물고기가 변해서 새가 되었다. 이름이 붕인데 날개 길이가 몇천 리인지 모를 정도다. 붕이 한 번 날면 구만 리 높이까지 오른다.

매미와 비둘기가 이 말을 듣고 비웃었다.

"우리는 빨리 날아도 이 나무에서 저 나무로 날 뿐이고 어떤 때는 그마저도 날지 못해 중간에 땅에 내려앉곤 하는데, 뭐? 구만 리를 날아가는 새라고? 웃기시네."

얕은 지식으로 어찌 큰 지식을 알겠으며, 짧은 삶으로 어찌 긴 삶을 헤아리겠는가? 아침에 자라다 시드는 버섯은 새벽과 저녁을 모르고, 여름에만 사는 메뚜기는 봄과 가을을 알지 못하는 법이다.

『장자』는 시작하자마자 느닷없이 깊은 바다에 사는 물고기 곤이 등장해. 그 길이가 몇천 리나 된다네? 근데 이게 또 변해서 수천 리 길이의 붕이 되고, 구만 리를 날아간다네? 죄다 상상이고 허구, 다시 말해서 뻥이야. 좋게 말해서 생각의 크기가 거대한 거지.

이 구절을 읽으니 성공회대 교수였던 신영복 선생의 말이 떠오르네. 이런 내용이야.

"우리가 중학교에 입학하고 처음 받은 영어 교과서는 'I am boy. You are a girl.'로 시작되거나 심지어는 'I am a dog. I bark.'로 시작되는 교과서도 있었지요. 저의 할아버님께서는 누님들의 영어 교과서를 가져오라고 해서 그 뜻을 물어보시고는 길게 탄식하셨지요. 천지현황天地玄黃, 하늘은 검고 땅은 누르다는 천지와 우주의 원리를 천명하는 교과서와는 그 정신세계에 있어서 엄청난 차이를 보이고 있었기 때문일 것입니다. 천지현황과 '나는 개입니다. 나는 짖습니다.'의 차이는 큽니다.*"

책의 첫 부분은 대개 저자의 사상을 함축해서 나타내. 『논어』에서 공자는 "배우고 때로 익히면 즐겁지 아니한가?"라고 말했어. 그야말로 공자의 삶을 압축한 거지. 『맹자』에서 맹자는 "이익보다는 인의를 중시하라."라고 갈파했어. 맹자 사상의 핵심이지. 『도덕경』에서 노자는 "말할 수 있는 도는 도가 아니다."라고 했어. (그러면서 노자 선생은 끝까지 도에 대해서 얘기하지.) 그런데 장자는? 뜬금없이 곤과 붕이라는 상상 초월 생물체에 대해 이야기해. 도대체 무슨 속셈일까?

◆ 신영복, 『강의』, 돌베개, 2004, 26~27쪽

이 대목에서 잠시 현대 물리학의 거두였던 스티븐 호킹의 이야기를 들어 볼까?

"자연 발생적인 양성자 붕괴를 관찰하는 것이 극도로 어렵기는 하지만, 우리의 존재 자체가 그 역과정인 양성자 생성의 결과일지도 모른다. 좀 더 간단하게 이야기하자면, 반쿼크도 쿼크도 존재하지 않던 우주의 초기 조건에서 쿼크가 생성된 과정의 결과가 우리의 존재 결과일 것이다. 그 과정은 우주가 처음 출발했다고 상상할 수 있는 가장 자연스러운 방식에 해당한다."

음, 스티븐 호킹 아저씨의 간단한 이야기가 전혀 간단하지 않지? 물질은 원자로 이루어져 있어. 원자는 원자핵과 그 주위를 도는 수많은 전자로 이루어져 있지. 원자핵은 다시 양성자와 중성자로 나뉘는데 여기서 양성자를 이루는 입자가 쿼크야. 쿼크의 반대 성질을 가진 것이 반쿼크지. 스티븐 호킹은 "양성자와 중성자, 쿼크에 대한 관찰은 우주의 기원에 대한 연구에 많은 도움을 주었다."라고 이야기해. 이 말은 양성자, 중성자, 쿼크 같은 눈에 보이지도 않는 소립자의 세계에서 영감을 받아 광대한 우주의 기원에 대한 연구가 이루어졌다는 뜻이야.

◆ 스티븐 호킹, 김동광 옮김, 『그림으로 보는 시간의 역사』, 까치, 1998, 100~101쪽

그런데 『장자』 첫 구절에 나오는 곤鯤에는 두 가지 뜻이 있어.

1. 큰 물고기 이름
2. 물고기 알

알은 생물학적으로 '암컷의 생식 세포'를 뜻해. 난세포 또는 난자라고도 하지. 그렇다면 '곤'이란 물고기의 난자야. 아직 물고기가 되기도 전의 아주 작은 단위야. 그런데 장자는 '이 곤이 곧 수천 리나 되는 물고기가 되고, 다시 수천 리나 되는 붕이 되어 수만 리까지 날아간다.'라고 했어. 가장 작은 세포가 가장 넓은 우주로 확장되는 순간이지. 장자는 스티븐 호킹이라는 천재 물리학자가 20세기에 할 말을 2,300년 전에 이미 알고 있었던 걸까?

장자는 아마 이런 말을 하고 싶었을 거야.

"몇천 리나 되는 물고기와 새 이야기를 듣고 그런 게 진짜 있는지 없는지 묻지는 마시오. 우리는 우리가 아는 것이 전부인 것처럼 여기는데 실은 그렇지 않다오. 여름에 하루만 사는 하루살이가 어찌 봄과 가을을 알겠소? 우리도 하루살이가 아니라고 말할 수 없단 말이오. 앞으로 곤과 붕처럼 황당한 이야기를 더 할 텐데, 다 읽고 나서 '황당함 속에도 진실이 있을 수 있구나.' 하고 생각해 준다면 좋겠소."

『장자』는 처음부터 그동안 우리가 맞다고 생각했던 것들을 과감히 버리라고 요구해. "몇천 리나 되는 물고기가 어딨어? 뻥 아냐?" 이런 질문 따위는 하지 말라고. 매미나 비둘기 같은 시각을 버리고 구만 리를 날아가는 새의 눈을 가지라고. 그래야 큰 하늘 위에서 땅 위를 내려다볼 수 있다고 말이야.

누군가는 첫 대목을 읽고 "말도 안 돼!" 하고 책을 집어던질지도 몰라. 또 누군가는 일단 참고 다음 장으로 넘길 수도 있지. 말도 안 되는 이야기라고 생각하는 사람에게 이렇게 묻고 싶어.

"세상일이 말 되는 일만 있니? 쓰나미는 말이 되니? 악독한 인간이 잘 살고 정직한 사람이 가난한 건 말이 되니? 우주가 130억 년 전에 눈 깜짝할 사이에 생겨났다는 건 말이 되냐고? 응?"

독점이냐 복지냐

송나라에 무명 옷감을 다루는 일을 하는 사람이 있었다. 옷감을 빨고 말리는 일을 하다 보니 손이 자주 텄다. 어느 날, 그는 손이 트지 않게 하는 연고를 만들었다. 연고를 만들고 빨래를 하니 대만족이었다. 지나던 길손이 그 이야기를 듣고 금 백 냥을 줄 테니 연고 만드는 비법을 팔라고 했다. 그는 가족들을 모아 놓고 말했다.

"우리가 대대로 무명을 빨아 왔지만 기껏 금 몇 냥밖에 못 모았는데, 이 약의 비법을 금 백 냥에 사겠다는 사람이 있으니 팝시다."

그는 비법을 적어 주었고, 손님은 금 백 냥을 내놨다. 손님은 그길로 오나라 왕을 찾아갔다. 그때 오나라는 월나라와 전쟁 중이었는데, 오와 월 두 나라에는 강과 호수가 많아 수중전이 잦았다. 손님이 "월나라를 물리칠 방법이 있습니다." 하고 말하니, 왕은 그를 장수로 임명했다. 그는 병사들에게 손이 트지 않게 하는 연고를 바르게 하고 월나라와 싸워 크게 이겼다. 전쟁이 끝나고 그는 오나라 땅 한 곳을 상으로 받아 영주가 되었다.

이 이야기를 현대적으로 해석해 볼까? 여기 손이 트지 않는 연고를 발명한 사람이 있어. 이 사람은 세탁소 주인이기도 해. 그는 연고를 자신과 가족만 사용했어. 많은 사람들이 쓸 수 있는데도 가족만 쓴 거야. 독점이지. 독점은 이익을 혼자 가로채는 행위야. 선진국에선 아무리 기술이 좋은 회사라도 자신들의 기술로 전체 시장의 일정 부분 이상을 독점하지 못하게 법으로 규제하고 있어. 안 그러면 한두 사람이 너무 많은 이익을 가져가기 때문이야. 뭐, 아무리 법으로 정해 놓아도 주식회사나 재벌 집단은 이익을 독차지하려고 수단 방법을 가리지 않지만 말이야.

다시 『장자』 이야기로 돌아가서 세탁소를 이용하던 한 손님이 주인의 연고를 알게 돼. 그는 세탁소 주인에게 천만 원을 주고 그 비법을 사지. 그리고 그길로 전쟁 중인 나라로 달려가 수군 모두에게 연고를 쓰도록 한 거야. 같은 연고지만 세탁소 주인은 자신과 가족들을 위해서만 썼고, 손님은 수만 명의 고생하는 병사들을 위해 썼어. 그러다 보니 이익의 폭도 달라졌지. 세탁소 주인은 겨우 천만 원을 얻고 자신과 가족만 잘살게 됐지만, 길손은 수만 명의 군인들을 부상에서 구했어. 그것을 값으로 따지면 수십억 원의 가치가 있겠지. 한마디로 세탁소 주인은 독점을, 길손은 복지를 상징하는 거야. 이 비유를 통해 장자는 이익을 극대화해서 공익을 위해 기여하라는 메시지를 던지고 있어.

현실 같은 꿈, 꿈 같은 현실

꿈에 술을 마시며 즐기던 사람이 아침에 깨면 섭섭해서 운다. 꿈에 울며 슬퍼한 사람은 아침이 되면 언제 그랬느냐는 듯 즐거운 마음으로 사냥을 나간다. 우리가 꿈을 꾸고 있는 동안에는 그게 꿈인 줄 모른다. 심지어 꿈속에서 해몽도 한다. 그러나 꿈에서 깨어난 뒤에는 그게 꿈인 줄 알게 된다.

참다운 깨달음에 이른 사람은 삶이라는 게 큰 꿈이라는 것을 알게 된다. 어리석은 자들은 자신이 깨어 있다고 믿고 아는 체하며, 왕과 천민을 가른다. 답답한 일이다.

그대나 나나 모두 꿈을 꾸고 있는 것이다. 내가 그대에게 꿈이라고 말하는 것도 역시 꿈이다. 내가 하는 말이 괴이하게 들리겠지.

그러나 만세 후에라도 대大 성인을 만나 이 말의 의미를 알게 된다면, 만세의 긴 시간도 하루처럼 짧게 느껴질 것이다.

『장자』에서 가장 많이 알려진 이야기는 '호접몽'이야. "꿈속에서 장주는 나비였는데 깨고 보니 알 수 없구나. 장주가 나비인지, 나비가 장주인지……." 하는 내용이지. 이건 서양 철학에서 말하는 인식론을 정면으로 언급한 거야. 인식론이란 '내가 아는 것은 정말 아는 것인가? 내가 아는 것이 진리라는 것을 어떻게 아는가? 안다는 것은 도대체 무엇인가?'에 대해 연구하는 철학이야. 우리의 인식이 꿈속에서 현실을 바라보는 것인지, 현실에서 꿈을 느끼는 것인지 여기에서 출발해야 진리에 도달할 수 있다는 거야.

앞서 읽었던 "꿈에 술을 마시며……"에서도 장자는 꿈이 삶이고 삶이 곧 꿈이라고 말해. 만약 우리 삶이 모두 꿈이라면 어떨까? 우리가 가진 것과 못 가진 것에 대한 욕망이 허무해지겠지. 그 욕망 때문에 괴로워하는 것조차 무상해질 거야. 오늘 내가 겪고 있는 이 고통이 내일 아침에 모두 사라진다면 더 괴로워할 이유가 없을 거야.

장자는 누가 왕이고 누가 천민이고 하는 것을 따질 필요도 없다고 말해. 누가 부유하고 가난한지, 누가 잘생기고 못생겼는지도 다 의미가 없대. 꿈이니까. 혹은 꿈 같은 현실이니까.

이런 우화가 있어. 램프의 요정이 어느 날 형제에게 물었어.

"여러분은 두 가지 중 하나를 선택할 수 있습니다. 첫째, 밤마다 꿈속에서 미녀를 만나 사랑하고 행복하게 살지만, 현실에서는 괴물 같은 여인과 불행하게 살아야 합니다. 둘째, 밤마다 꿈속에서 괴물 같은 여인과 불행하게 살지만, 현실에서는 미녀와 행복하게 살 수 있습니다. 어떤 걸 택하겠습니까?"

동생은 형에게 선택을 양보했어. 누군가 하나를 선택하면 남은 사람이 나머지를 취해야 했거든. 욕심쟁이 형은 현실의 미녀를 택했고 동생은 꿈속의 미녀를 얻게 됐어. 형은 한동안 미녀와 행복하게 사는 것 같았어. 하지만 자는 것이 두려웠어. 밤마다 괴물 같은 여인을 만나는 꿈에 시달렸기 때문이야. 형은 곧 잠드는 것이 두려워 불면증에 걸렸고, 통 잠을 이루지 못했어. 하루가 다르게 수척해졌고 낮에도 늘 우울했지. 결국 얼마 후에 형은 죽고 말았어. (이런 극단적인 결말이라니!) 반면 착한 동생은 처음엔 못생긴 부인에게 실망했지만 잠드는 시간이 기다려져서 낮 동안에 항상 웃고 지냈어. 그러자 부인과도 사이가 좋아졌어. 그렇게 동생 부부는 아들 딸 낳고 행복하게 잘 살게 됐다는 이야기야. 자, 이쯤 되면 장자가 묻겠지.

"도대체 어떤 게 행복일까?"

옳고 그름은 따지지 마

다음은 장자 철학의 한 단면을 보여 주는 이야기야.

설결이 스승 왕예에게 물었다.

"선생님은 누구나 맞다고 할 수 있는 뭔가를 알고 계십니까?"

"내가 그걸 어찌 알겠나?"

"그럼 모르신다는 겁니까?"

"내가 그걸 어찌 알겠나?"

"그럼 우리는 그 무엇도 알 수 없는 겁니까?"

"내가 그걸 어찌 알겠나? 다만 그 문제를 생각해 보세. 우리가 안다고 생각하는 것이 사실은 모르는 것이 아니라고 할 수 있는가? 우리가 모르는 것이 실은 아는 것이 아니라고 할 수 있는가?

사람이 습기가 많은 곳에서 자면 허리가 아프고 몸이 고장 나겠지. 미꾸라지도 그럴까? 사람이 나무 위에서 산다면 겁이 나서 떨겠지. 원숭이도 그럴까? 사람과 미꾸라지와 원숭이 중에서 누가 옳은 곳에 사는 것인가?

사람은 고기를 먹고, 사슴은 풀을 먹고, 지네는 뱀을 먹고, 올빼미는 쥐를 먹으며 좋다고 하지. 이 넷 중에서 어느 쪽이 맛을 제대로 안다고 할 수 있겠나?

원숭이는 원숭이와 짝을 맺고, 고라니는 사슴과 어울리고, 미꾸라지는 물고기와 놀지 않는가? 진나라의 여희를 보고 사람들은 미인이라 하지만, 물고기들은 그녀를 보고 물속으로 숨고 새들은 높이 날아가고 사슴들은 달아난다네. 이 중에 누가 아름다움을 안다고 하겠나?"

설결이 답을 하지 못하자 왕예가 말했다.

"나에게 무엇이 옳고 그른지 따지지 말게."

이야기에 나오는 설결과 왕예는 모두 중국 고대 전설에 나오는 어진 사람들이야. 장자는 전설이나 역사에 나오는 사람을 자기 이야기의 주인공으로 삼곤 했지. 요임금이나 공자도 장자에 의해 새로운 인물로 등장하곤 해. 설결과 왕예의 이야기는 입장에 따라 우리의 느낌과 생각이 얼마든지 달라질 수 있다는 걸 말하고 있어. 제자 설결의 물음에 왕예는 퉁명스럽게 대답하지만 결론은 이거야.

"옳고 그름을 따지지 마라."

그럼 뭘 따져야 할까? '좋은지 좋지 않은지', '원하는지 원하지 않는지'를 따져 봐. 누가? 바로 너 자신이!

말하지도 말고 아는 척도 하지 마

신도가는 형벌을 받아 한쪽 발이 잘린 사람이다. 자산은 정나라의 재상이었다. 신도가와 자산은 둘 다 백혼무인의 제자였다. 어느 날 두 사람이 함께 배우려고 나란히 앉았는데, 자산이 신도가에게 말했다.

"내가 먼저 오면 자네가 나가게. 자네가 먼저 오면 내가 나가겠네."

다음 날 다시 같은 방에서 신도가와 나란히 앉게 되자 자산이 말했다.

"내가 어제 말하지 않았나? 나는 자네 같은 사람과 같이 배울 수 없다고. 자네는 그 꼴을 하고 나 같은 재상 옆에 앉아 있으려 하나?"

신도가가 말했다.

"자신이 온전한 몸이라 하여 내 몸을 보고 비웃는 사람이 많았네. 그러나 선생님은 나를 19년이나 가르쳐 주셨지만 한 번도 내 발이 하나인 것에 대해 말하신 적도 없고 아는 척하신 적도 없네. 그런데 자네는 그 선생님 아래에서 배우면서 스스로 재상인 것을 내세우고 있는가? 자네와 나는 몸 안에 무엇을 배워 넣을 것인가를 배우고 있는데, 자네는 아직 몸 밖으로 보이는 것에 신경을 쓰고 있으니 이건 잘못된 일 아닌가?"

자산이 부끄러워하며 잘못을 빌었다.

장자 시대에는 얼굴에 먹으로 문신을 새기거나, 발목을 자르는 등 잔혹한 형벌이 많았어. 발목이 잘린 사람은 주로 성 앞을 지키는 문지기로 고용했지. 당시 성인 남자들은 모두 부역이라는 의무를 지고 있었어. 주로 병사로서 전쟁터에 나갔어. 발목이 잘린 사람도 부역을 해야 하는데 이들을 전쟁터로 보낼 수는 없잖아. 그래서 성안에서 할 수 있는 일이나 성문 지키는 일을 주로 맡긴 거야.

아무튼 이 이야기에는 형벌로 발이 잘린 신도가라는 이가 등장해. 신도가와 자산은 실존 인물이고 백혼무인은 장자가 만들어 낸 허구의 인물이야. 장자는 실존 인물과 허구의 인물을 섞어서 이야기를 만들어 냈어. 자산은 잘나가는 사람인 데다 거만해서 발 잘린 신도가를 멀리했어. 신도가는 이런 자산을 깨우쳐 주지. "훌륭한 선생에게 배운다면 너 자신도 훌륭해져야 한다."라면서 말이야. 그 배움의 핵심은 뭘까? '사람을 외모로 평가하지 마라.'라는 거야. 아니, 더 나아가서 '다른 사람의 외모에 대해서는 아는 척도 하지 말고 언급도 하지 마라.'겠지.

여기서 문제! 다음 중 방학이 지나서 만난 여자 사람 친구 혜영이에게 해서는 안 되는 말은 뭘까?

1. 너, 왜 이렇게 살쪘니?

2. 못 본 사이 진짜 예뻐졌구나.

3. 눈 밑에 다크 서클이 무릎까지 내려오겠는데…….

4. 방학 동안 쌍꺼풀 수술했어?

정답은 1, 2, 3, 4번 모두! 장자 선생님이 말씀하셨잖아. 외모에 대해서는 말하지도 말고 아는 척도 말라고! 다만 한마디도 하지 않으면 친구가 섭섭할지도 모르니 이 정도는 말해 줄까?

"너, 정말 멋지구나!" (이런 말은 중성적인 멘트여서 누구에게 해도 돼.)

닭장의 닭이 될래, 자유로운 꿩이 될래?

늪에 사는 보잘것없는 꿩은

곡식 한 알을 주워 먹으려면 열 번을 뛰어야 하고

물을 한 모금 마시려면

백 번은 뛰어야 한다.

그러나 비록 원하는 모든 것이

눈앞에 있다 해도

꿩은 닭장에 갇히는 것을

원치 않는다.

차라리 훨훨 자유로이 날아
스스로 양식을 구하려 한다.

    닭장에 사는 닭이 되면 편하기는 할 거야. 주인이 꼬박꼬박 먹이를 가져다주니까. 하지만 닭은 주인을 위해 매일 달걀을 낳아야 해. 제가 낳은 알이 없어지는 줄도 모르고 모이를 쪼아 먹느라 바쁘지. 그러다 늙으면 치킨이 되거나 닭볶음탕이 되고 말 거야. 장자는 "닭장 속의 닭이 되느니 차라리 춥고 배고픈 꿩이 되어라."라고 했어. 닭장에 갇혀 주어지는 먹이나 먹는 신세가 되지 말라는 거지. 장자는 꿩을 빌어 자유인이 되라고 말하고 있어. 남이 주는 알량한 돈 몇 푼에 얽매여 살지 말고 열 번, 백 번 뛰는 고생을 하더라도 스스로 번 돈으로 당당히 살라는 거야.

    고전은 세월이 흘러도 그 빛을 잃지 않아. 장자 시대나 지금이나 소수의 사람들이 다수의 사람들을 다스리는 건 매한가지야. 생각 없이 살다간 닭처럼 겨우 굶주림이나 피하면서 평생 남을 위해 살게 돼. 그렇게 살지 않으려면 어떻게 해야 할까? 인문 고전 책을 많이 읽고 깊이 사색해야 해. 물론 '늘 자유롭고 독립적으로 살겠다.'라는 생각도 가져야지.

---

* 토마스 머튼, 권택영 옮김, 『토마스 머튼의 장자의 도』, 은행나무, 2004, 45~46쪽

장자가 죽을 때가 되자 제자들이 눈물을 흘리며 아쉬워했다. 제자들이 스승의 장례를 후하게 치르고 싶다고 하자 장자가 웃으며 말했다.

"내게는 하늘과 땅이 관이고, 해와 달이 한 쌍의 보석이고, 별과 별자리가 구슬이라네. 이렇게 모든 것이 갖추어져 있는데 어떻게 더 후하게 치른단 말인가?"

"저희들이 아무렇게나 매장하면 스승님의 시신을 까마귀나 솔개가 먹을까 봐 걱정입니다."

"땅 위에 있으면 까마귀나 솔개의 밥이 되겠지. 그럼 땅 아래 묻으면 어떻게 될까? 개미나 땅강아지의 밥이 될걸? 땅 위의 놈들 것을 땅 아래 놈들에게 주는 것은 안 될 말이지."

장자는 죽음을 앞두고도 자유인 그 자체였어. 그의 대답은 가히 우주를 아우르는 사상가다운 답변이었지. 장자는 "죽음 다음의 생이 지금보다 더 아름답고 좋을지 어떻게 아느냐?" 하고 물어. 만약 그렇다면 죽는다고 슬퍼하거나 울 필요가 없다는 거지. 장자는 여희라는 여인을 예로 들면서 제자들에게 이런 이야기를 해.

삶을 즐거워하는 것이 어리석은 것일까, 아닐까? 죽음을 싫어하는 것은 어려서 고향을 떠난 사람이 돌아갈 데를 모르는 것과 같은 것이 아닐까?

미녀 여희는 원래는 국경을 지키는 관리의 딸이었다. 처음 진晉나라에 가게 되었을 때 얼마나 울었는지 눈물에 옷깃이 흠뻑 젖을 정도였다. 여희는 곧 왕의 눈에 들었다. 왕의 처소에 이르러 왕과 잠자리를 같이하고, 왕이 먹는 요리를 먹고, 왕과 같이 비단 옷을 입었다. 여희는 처음에 고향을 떠날 때 울었던 일을 후회했다.

이처럼 죽은 사람들도 살아 있을 때 삶에 집착한 것을 후회하지 않을까?

미녀 여희의 이야기는 죽음의 인식에 대한 상징이야. 여희라는 미녀는 이민족인 여융족 수장의 딸이었는데, 미모 때문에 공녀(작은 나라가 큰 나라의 요구에 따라 바치던 여자)로 뽑혀 진晉나라 궁궐로 가게 됐지. 고향을 떠날 때는 무척 슬퍼했지만 궁궐에 가서 임금의 사랑을 받게 되었어. 호화로운 곳에서 진수성찬을 먹으며 지내다 보니, 웬걸? '나, 고향 떠날 때 왜 운 거니?' 하는 생각이 든 거야. 부모님에게 다달이 용돈도 두둑이 보내고 형제들에게도 후하게 선물하고, 오히려 고향에 있을 때보다 더 행복하잖아? 죽음도 마찬가지 아닐까? 살아 있을 때보다 좋아서 삶에 안달한 것을 후회하지 않을까? 그건 아무도 모르는 일!

현대 심리학에는 '우리가 걱정하는 것 중 대부분은 절대 일어나지 않을 일에 대한 것이다.'라는 이론이 있어. 장자는 마치 그것을 알기라고 한 것처럼 죽음을 걱정하지 말라고 해. 그러니 여러분도 아직 일어나지 않은 엄마의 꾸지람이나 아빠의 잔소리를 너무 걱정하지 마. 그냥 그대로 잘 지내면 돼.

『한비자』

세상을 경영하려는 리더를 위한 책

『한비자韓非子』는 춘추 전국 시대의 한韓나라 귀족 한비韓非(B.C. 280년~B.C. 233년)가 쓴 책이야. 한비는 흔히 한비자韓非子라고 불러. 한비자는 원래 자기 나라 왕에게 주려고 이 책을 썼어. 왕이 어떻게 리더십을 발휘해야 나라가 잘 살게 되는지에 대해 아주 자세하게 써 놓았지. 그런데 한나라가 망하려고 그랬는지 한나라 왕은 이 책에 관심이 없었어. 오히려 진시황이 『한비자』를 읽고 이렇게 말했어.

"이 책을 쓴 사람과 이야기를 나눌 수 있다면 여한이 없을 텐데……."

이때 진시황을 섬기던 이사李斯라는 사람이 있었어. 진시황이 한비자를 만나고 싶어 한다는 것을 알고 이사가 나섰지.

이사: 이 책을 쓴 한비자는 저와 학교를 같이 다녔습니다.

진시황: 그렇소? 그럼 한번 연락해서 오라 하시오.

이사: 그냥 연락하면 한나라 왕이 보내지 않을 것입니다. 차라리 전쟁을 일으켜 한나라를 치는 척하십시오.

진시황: 전쟁까지 해야 하오?

이사: 원래 전쟁을 좋아하시지 않습니까?

진시황: 그렇긴 하지만…….

이사: 한나라가 항복했을 때 한비자를 보내라 하면 한나라 왕은 두말없이 따를 것입니다.

진시황은 진짜로 한나라에 군대를 보내서 곧 집어삼킬 듯이 했어. 제대로 싸우기도 전에 한나라가 항복하자 진시황은 한비자를 보내라고 요구했지. 폭군 진시황도 한때는 인재 한 사람을 얻기 위해 전쟁을 일으킬 정도로 열정적인 사람이었다니까.

친구를 모략한 자의 최후

전쟁까지 해서 데려왔지만 진시황은 한비자를 만나 보고 실망해. 그는 글은 잘 썼지만 말을 더듬었다고 해. 진시황 앞에서 '어버버' 하면서 말을 더듬으니 진시황은 그에게 중요한 일을 맡기지 않았지. 그런데 이사는 한비자가 능력이 뛰어난 사람이란 걸 알았어. 진시황이 한비자를 자기보다 높은 자리에 앉힐까 두려웠던 이사는 "한비자를 등용하면 진나라가 아닌 한나라를 위해 일할 것입니다."라며 쥐도 새도 모르게 죽게 만들었지.

그럼 한비자를 죽게 만든 이사는 잘 먹고 잘 살았을까? 사마천은 이사에 대해 『사기 열전』에 이렇게 기록해 놓았어.

이사는 원래 초나라 상채(상차이: 중국 허난성 주마뎬에 있는 현) 출신 이다. 그가 젊어서 군대에서 하급 관리로 일할 때에 관청 변소에 들어갔다. 변소에 사는 쥐들은 똥을 먹다가 사람이 가까이 가면 놀라서 도망을 갔다. 이사가 또 창고 안으로 들어가니 그곳의 쥐들은 쌓아 놓은 곡식을 먹으며 사람이나 개가 다가가도 꿈쩍도 하지 않았다. 이사는 탄식하며 말했다.

"사람이 잘나거나 못난 것은 말하자면 쥐와 같구나. 오직 어디에 속하느냐가 문제일 뿐이다."

그는 순자에게 가서 천하를 다스리는 제왕의 학문을 배웠다.

이사는 좁고 지저분한 변소가 아니라 넓고 먹을 것이 많은 창고에 사는 쥐가 되고 싶었을 거야. 그래서 하급 관리직을 버리고 초나라를 떠나 제나라의 유명한 사상가 순자의 제자로 들어갔지. 이후 이사는 진시황의 눈에 들어 진나라 최고 관직인 승상의 위치까지 오르게 돼.

진시황이 죽었을 때, 다음 황제는 당연히 태자인 부소가 되어야 했어. 이때 부소는 변방에 가 있었고, 진시황의 곁에는 그의 또 다른 아들 호해가 있었지. 환관 조고는 이사를 설득해서 호해를 황제의 자리에 오르게 했어. 어진 태자 부소에게는 "스스로 목숨을 끊으라."는 거짓 명령을 내렸지. 이렇게 이사는 자기 권력을 유지하기 위해 간신 조고와 짜고 잘못된 판단을 내렸어. 그리고는 몇 년간 승상의 자리를 지켰지.

진나라 2대 황제 호해는 원래 어리석은 자였어. 정사는 돌보지 않고 연회를 열어 국고를 낭비하는 데다 각종 토목 사업에 백성을 동원했지. 이처럼 가혹한 정치가 이어지자 진나라 전역에서 반란이 일어났어. 조고는 "혼란한 틈을 타 이사도 반역을 하려 한다."라며 이사를 모함했고, 호해는 이를 믿어 버렸어. 조고는 무고한 이사를 가두고 매를 1,000대가 넘게 때렸어. 견디다 못한 이사는 허위로 역모를 고백하고 결국 죽임을 당했어. 자신뿐 아니라 삼족이 멸하는 벌을 받았지. 한비자를 모함으로 죽게 하니 이사도 제명에 못 산 거야.

그럼 이사를 모함한 조고는 어떻게 됐을까? 조고와 호해 역시 진나라의 멸망과 함께 비극적인 최후를 맞게 돼. "남의 눈에 눈물 나게 하면 내 눈에 피눈물 난다."라는 속담이 있어. 남을 곤경에 빠뜨리면 자신은 더한 고통을 겪게 되는 거야.

긴장하라, 사람은 모두 자기 이익만 따지니

한비자는 일찍이 이런 말을 했어.

사람은 복이 있으면 부유하고 귀하게 된다. 부유하고 귀하게 되면 입고 먹는 것이 좋아지고, 입고 먹는 것이 좋아지면 교만한 마음이 생긴다. 교만한 마음이 생기면 그릇된 행동을 하게 되고, 그릇된 행동을 하다 보면 도리에 어긋난 행위를 하게 된다. 그릇된 행동을 하다 보면 일찍 죽게 되며, 도리에 어긋난 행위를 하다 보면 성공하지 못한다. 무릇 일찍 죽을 재난이 있고 성공하는 일이 없다면 큰 재앙이다. 이렇듯 재앙이란 복이 있는 곳에서 생겨난다. 그러므로 말하길, "복이란 화가 엎드려 있는 곳이다." 라고 한다.

복이 있다고 까불다간 큰코다친다는 얘기야. 세상만사는 돌고 도는 것이거든.

사마천은 『사기 열전』에서 "한비자는 처세의 어려움에 대한 책을 썼으나 정작 자신은 재앙을 벗어나지 못했다."라며 안타까워했지. 결국 한비자는 남을 위해 훌륭한 대책을 내놓았지만 자신은 대책을 써 보지도 못하고 죽고 말았어.

그럼에도 『한비자』는 오랜 세월 동안 '리더십이란 무엇인가?'에 대한 답으로 인정받아 왔어. 한비자가 이 책에서 일관되게 주장한 것은 "긴장하라."는 거야. 그래서 군주와 신하 또는 윗사람과 아랫사람 사이는 개인적인 신뢰나 감정이 아니라 탄탄한 체계를 세워 유지해야 한다는 거야. 왜? 사람은 모두 자기 이익만 따지기 때문이지. 다음 이야기를 볼까?

위衛 나라의 부부가 기도를 드리는데, 부인이 말했다.

"저희가 무사하게 해 주시고, 베 백 필을 벌 수 있게 해 주십시오."

남편이 말했다.

"어째서 그렇게 조금만 달라고 하는 거요?"

부인이 대답했다.

"이보다 많으면 당신은 그 돈으로 첩을 살 테니까요."

한비자는 부부의 기도 이야기를 하면서 인간은 철저히 이기적인 존재라고 강조해. 가난할 때는 한마음으로 기도하지만, 조금 여유가 생기면 남편은 첩을 들이는 게 인지상정이라는 거야. 그 때문에 아내는 기도를 해도 "지금보다 조금만 더 잘살게 해 달라."라고 주문하지. 한비자는 또 다른 대목에서 "후궁이나 왕비는 자기 아들을 다음 왕으로 내세우기 위해 현재의 왕이 하루빨리 죽기를 원한다."라고 말해. "일심동체라는 부부도 이렇게 속으로 딴마음을 품고 있다. 그러니 신하는 어떻겠는가? 왕 앞에서 아무리 충신인 척하고 왕을 위하는 것 같아도 속으로는 다른 생각을 하고 있다." 한비자는 이렇게 말하고 있어. 그러니까 어쩌라고? '조심, 또 조심!'하라는 거지.

어려움을 겪는 건 위인의 운명

한비자는 한나라 왕에게 이렇게 이야기해.

저는 말하는 것 자체를 어려워하는 게 아닙니다. 제가 말하기를 망설이는 이유는 다음과 같습니다. 만약 제가 말을 술술 잘하고 거침없이 이어 간다면 사람들은 '겉만 화려하고 실속은 없다.'라고 할 것입니다. 만약 제가 신중하면서도 빈틈없이 말하면 사람들은 '고지식하고 꽉 막혀 오히려 서투른데?'라고 생각할 것입니다. 이익을 잘 따져 자세하게 숫자를 들어 가며 말하면 '돈만 아는 고루한 사람'이라 할 것이고, 남이 듣기 좋은 말만 하면 '아첨하고 있네.' 하고 여길 것입니다.

자기가 말을 아끼는 이유를 설명한 거야. 한비자는 그러면서 세 사람의 위인도 현명했지만 어려움을 겪었다고 해. 세 위인이란 오자서, 공자, 관중이야.

오자서
─ 한비자의 설명
"오자서는 계략을 잘 꾸미고 전쟁술에 밝았으나 오왕이 그를 죽였다. 오왕이 보는 눈이 없었기 때문이다."
─ 팩트 체크
오자서는 초나라 사람으로 초평왕에게 아버지와 형이 죽임을 당했어. 이후 오나라로 도망쳐서 오나라 왕을 도왔지. 처음에 오왕은 오자서의 말을 듣고 초나라를 쳐서 승리하고 월나라를 제압해. 그러나 오자서가 옳은 말을 계속하자 그를 멀리하게 되고, 결국 자결을 명령하지.

－ 오자서의 변명

"나는 초나라 왕이 부형을 죽여 복수를 꿈꿨다. 그런데 오왕 덕분에 복수를 할 수 있었다. 그리하여 그를 도우며 간언을 아끼지 않았다. 그러나 오왕은 귀에 거슬린다며 내 말을 듣지 않고 아첨하는 간신 백비의 말만 듣다가 망하고 말았다. 한비자의 말이 옳다. 난 잘했지만 왕이 못난 자였다."

여기서 배울 점! 아무리 옳은 말이라도 너무 자주 하지 말 것.

공자

－ 한비자의 설명

"공자는 언변이 뛰어났지만 광匡(지금의 허난성 창위안현 지역) 지역 사람들이 그를 에워싸고 죽이려 했다. 그들이 공자를 몰라봤기 때문이다."

－ 팩트 체크

공자는 과연 언변이 뛰어났을까? 아는 것이 많고 옳은 말을 많이 하긴 했지만 공자 역시 상대를 가려 가며 말을 했고 대체로 차분하게 말한 것으로 기록에 나와 있어. 그럼 광 사람들은 왜 공자를 죽이려고 했을까? 한때 공자와 닮은 양화라는 사람이 광 지역 사람들을 괴롭혔어. 이곳을 지나는 공자를 고을 사람들이 양화로 오해해서 며

칠이나 가두어 두고 곤욕을 치르게 한 거야.

－공자의 변명

"나도 키가 크고 양화도 키가 컸어. 나도 무인 기질이 있고 양화도 무인 기질이 있었지. 나도 잘생겼고 양화도…… 음……."

여기서 배울 점! 너무 닮아서 누군지 헷갈리면 오해하지 말고 "당신은 누구십니까?" 하고 물어볼 것.

관중

－한비자의 설명

"관중은 똑똑했지만 노나라에서는 죄인 취급을 받았다. 노나라 군주가 관중의 지혜를 알아보지 못했기 때문이다."

－팩트 체크

관중은 원래 제나라의 공자公子(제후국 군주의 아들) 규를 섬겼어. 관중의 친구 포숙아는 규의 동생이자 라이벌인 공자 소백을 섬겼지. 관중과 포숙아는 공자들의 스승이자 가신家臣(높은 벼슬아치의 집안에 딸려 그를 섬기고 받드는 사람)이었어. 제나라 군주가 암살당하고 반란이 일어나자 관중은 규와 함께 노나라로, 포숙아는 소백과 함께 거나라로 망명했어. 나중에 반란이 진압되고 소백이 군주에 올라 제환공이 되었을 때, 포숙아는 "관중은 정치적으로 우리의 반대파지만 능력이 뛰어나니 그를 재상으로 쓰십시오." 하고 간언하지. 제환공은 그 말에 따라 노나라에 있는 관중을 불러와. 그런데 이때 속임수를 썼어. 노나라에서 관중이 뛰어난 인재임을 알고 먼저 고용해 버릴까 봐 "관중은 제나라에 반역했으니 함거檻車(죄인을 싣는 수레)에 가둬 보내라."라고 한 거야. 노나라에서는 관중을 꽁꽁 묶어서 제나라로 돌려보냈지.

－관중의 변명

"만약 제나라로 가지 못했으면 난 노나라에서 죽임을 당했을 거야. 노나라 수레꾼들이 힘들다며 천천히 가기에 그들에게 노래를 가르쳐 주었지.

'백조야, 백조야,

사냥꾼이 지켜본다, 야.

어서 찢어라 새장을

날아가거라 하늘을.'

수레꾼들은 이 노래를 부르며 힘든 줄도 모르고 이틀에 갈 길을 하루에 내달렸어. 그 덕에 난 살았지. 나는야 역사상 최초의 랩 작사가!"

여기서 배울 점! 힘들 땐 노래를 하자. (너무 엉뚱한 결론 같다고?)

리더가 놓치면 안 되는 세 가지

한비자는 '어떤 경우에도 군주가 절대로 놓쳐서는 안 되는 세 가지'가 있다고 말해. 그게 뭘까?

첫째는 재정, 즉 돈이야. 군주는 경제를 책임지는 사람이야. 나라가 강하고 약해지는 요인 중 하나는 경제야. 공자는 정치에서 중요한 것으로 "믿음이 첫째, 군대가 둘째, 경제가 셋째"라고 말했지만 현대 사회에서는 경제가 첫 번째로 중요해. 한비자의 시대 역시 크게 다르지 않았어. 돈이 없으면 군주가 힘을 쓸 수 없는 거야. 군주는 세금을 어떻게 걷고 어디에 쓸 것인지를 잘 알고 있어야 해.

이 말을 지금 우리 사회에 적용하면? "리더는 그 조직의 돈이 어떻게 모이고 어디에 얼마나 쓰이는지 반드시 알아야 한다."라고 고쳐 말할 수 있겠지. 가정에 한해서 말하자면, 아빠와 엄마는 집안의 돈이 어떻게 모이고 어디에 사용되는지 반드시 알아야 한다는 거야. 아빠가 엄마에게 또는 엄마가 아빠에게 "알아서 하시오." 하면 된다? 안 된다!

둘째는 형벌. 군주는 잘못을 저지른 사람에게 벌을 줘야 해. 당연한 이야기지. 그런데 이 당연한 이치를 몰라서 망한 왕이 많아. 그러면서 한비자는 송나라 왕과 자한을 예로 들어.

자한이란 사람이 송나라 왕에게 "사람들은 상 받기를 좋아하고 벌 받기를 싫어하니 왕께서 직접 벌을 내리시면 원한을 사게 될 것입니다. 왕께서는 상만 주시고 벌은 제가 내리겠습니다." 하고 말해. 왕은 그럴듯하다고 여겨 자한에게 '벌 주는 권한'을 넘기지. 이때부터 자한은 힘을 갖게 돼. 잘못한 사람들은 왕이 아니라 자한을 두려워하는 거야. 나중에는 송나라 왕까지 자한 앞에서 벌벌 떨게 됐지. 그러게 왜 형벌의 권한을 남에게 맡겨?

한비자는 "호랑이가 개를 복종시키는 까닭은 발톱과 이빨을 지녔기 때문이다. 개에게 발톱과 이빨이 있다면 호랑이가 개에게 복종하게 된다."라면서 군주가 형과 벌의 권한을 잃고서 나라를 망하게 하지 않은 경우는 지금까지 없었다고 경고하지. 리더는 잘못한 조직원에 대해서 직접 벌을 내려야 해. 엄마가 아빠에게 "낮에 이런저런 일이 있었어요. 아이 좀 혼내 줘요." 하면 된다? 안 된다!

셋째는 보상. 제나라의 전상이란 간신은 사람들에게 환심을 사기 위해 곡식을 꾸어 주고 10분의 1만 되받았어. 사람들은 전상을 좋아했지. 생각해 봐. 내가 누구한테 천만 원을 빌렸는데 그 사람이 "나중에 백만 원만 갚아."라고 한다면 그 사람을 좋아하겠어, 싫어하겠어? 당연히 좋아하겠지. (어디 이런 사람 없나?) 한비자에 의하면 제나라 왕은 이런 짓을 못 하게 막아야 했어. 덕을 베푸는 것조차 왕이 직접 해야 한다는 거야. 결국 사람들의 지지를 얻게 된 전상은 제나라 왕을 죽이고 권력을 장악했어. 이것 보라고! 지지율 높은 사람을 당할 왕이 없다니까.

리더는 보상을 내릴 때에도 직접 해야 하는 거야. 상 주는 걸 아랫사람이나 다른 사람에게 대신 시켜선 안 돼. 아빠가 엄마에게 "우리 아들 잘했으니까 칭찬 좀 해 줘요. 용돈도 더 주고." 하면 된다? 안 된다. 직접 하시라고요.

아랫사람이 해서는 안 되는 일

그럼 한비자는 무조건 왕이 잘하고 신하는 가만히 있으면 된다고 했을까? 아니야. 아랫사람, 곧 따르는 사람들이 해선 안 되는 일에 대해서도 말하고 있어.

초나라와 진나라가 언릉(옌링: 중국 허난성 쉬창에 있는 현)에서 전쟁을 할 때의 일이다. 초나라 공왕은 부상을 입었고 전세는 초나라에 불리했다. 공왕은 다음 날 최후의 결전을 치르기로 하고 군사 령관 자반에게 준비를 시켰다. 자반은 술을 몹시 좋아하는 사람이었는데 이 전쟁에 나오기 전에 "절대 술을 먹지 않으리라." 하고 맹세를 했다. 결전 전날, 자반은 잠자리에 들기 전에 목이 말라 시중드는 하인 곡양에게 물 한 잔을 가져오라고 시켰다. 곡양은 주인을 위한답시고 술을 가져와 바쳤다. 잔을 비운 자반이 곡양에게 물었다.

"이건 술이 아니냐?"

곡양은 시치미를 뚝 떼고 대답했다.

"아닙니다. 시원한 차입니다."

자반은 또 한 잔이 생각나 말했다.

"음. 차가 좋구나. 또 있느냐?"

"예, 넉넉히 준비해 놓았습니다."

한 잔, 또 한 잔……. 결국 자반은 완전히 취하여 잠이 들고 말았다. 자반은 술에 취해 잠이 들면 하루가 지나야 깨어나는 사람이었다. 첫닭이 울자, 초공왕은 전군에게 전투 준비를 시키고 군사령관 자반을 불러오게 했다. 몇 번을 불러도 오지 않자 초공왕이 직접 자반의 막사를 찾아왔다. 이 소식을 듣고 곡양은 깜짝 놀라 도망을 쳤다. 초공왕은 군사령관이 대취해 깨어나지 못하는 것을 보고 전군에 철수를 명한다. 그날 저녁, 잠에서 깨어나 모든 상황을 알게 된 자반은 스스로 목숨을 끊었다.

한비자는 곡양의 행동은 작은 충성이라고 했어. 술을 좋아하는 주인을 위해 그 순간을 즐겁게 해 주었기 때문이야. 그럼 어떤 것이 큰 충성일까? '다음 날의 전투를 위해 술을 가져다주지 않는 것'이지. 잠시의 쾌락을 참고 미래의 승리를 준비하도록 돕는 것이 옳다는 거야.

신하가 군주를 설득할 때의 주의점

현대 경영학에서는 리더와 팔로워 사이에 소통이 중요하다고 강조해. 한비자는 이미 2,300년 전에 군주와 신하 사이에 소통이 중요하다고 이야기했어. 『한비자』의 「세난」 편에는 신하가 군주를 설득할 때에 주의할 점이 나와 있어.

상대의 뜻을 거스르지 말고 말투를 부드럽게 해서 감정을 건드리지 않아야 한다. 군주의 마음을 안정시켜 놓은 다음에야 자신의 지혜를 발휘할 수 있기 때문이다.

사장님이나 선생님에게 할 말이 있으면 먼저 칭찬을 해서 추켜세워 줘야 해. 한비자는 "남을 먼저 살려 놓고 나를 살려라."라고 말하지. 여기에서 '역린逆鱗(임금의 노여움을 이르는 말)'이란 말이 나와.

왕에게 총애를 받고 있을 때는 신하의 지혜로운 말이 왕의 생각과 맞아 둘 사이는 친해진다. 그러나 왕에게 미움을 받고 있을 때는 신하의 지혜로운 말도 왕의 생각과 어긋나 죄를 뒤집어쓰고 둘 사이는 멀어지게 된다. 간언諫言(윗사람이나 왕에게 옳지 못한 일, 잘못된 일을 고치도록 하는 말)을 하거나 유세를 하는 선비는 왕의 사랑함과 미워함을 살펴본 뒤에 말하지 않으면 안 된다.

대개 용도 동물인지라 잘 길들이고 가까이하면 그 위에 탈 수도 있다. 그러나 그 목 밑에 지름이 한 자(길이의 단위로, 약 30.3cm 정도)되는 거꾸로 된 비늘(역린逆鱗)이 있으니 만약 사람이 이것을 건드리면 반드시 죽임을 당한다. 왕에게도 역린이 있으니, 간하는 자가 이를 건드리지만 않으면 유세를 잘 해낼 수가 있게 될 것이다.

한비자는 왕도 사람이니 그의 마음이 변하는 것을 잘 살피지 않으면 총애가 미움으로 변한다고 말했어. 위영공과 미자하의 이야기가 그 예야. 위나라를 다스린 영공은 미자하라는 예쁜 소년을 좋아했어. 어느 날 미자하의 어머니가 병이 났어. 궁궐에서 밤중에 이 소식을 들은 미자하가 어머니에게 달려가고 싶었는데 수레가 없었어. 미자하는 임금인 위영공의 수레를 제멋대로 타고 갔지. 다음 날 이 소식이 알려지자 영공은 대신들 앞에서 미자하를 칭찬했어.

"미자하가 참 효자지 뭐요."

얼마 뒤에 위영공이 대신들과 정원을 걷고 있는데 미자하가 복숭아를 땄어. 한 입 먹어 보더니 그걸 영공에게 내밀었어.

"전하, 이 복숭아 좀 드셔 보세요. 제 침이 좀 묻었지만 정말 맛있어요."

대신들은 혀를 끌끌 찼지만 위영공은 미자하를 아주 좋아했기에

"미자하가 참 충신이지 뭐요."라고 말하면서 복숭아를 받아 먹었어.

세월이 흐르자 예뻤던 미자하도 배가 나오고 얼굴에 주름이 생겼어. 영공은 더 이상 미자하를 좋아하지 않았지. 미자하가 작은 잘못을 저지르자 영공은 이렇게 말해.

"미자하 저놈은 제가 먹던 복숭아를 더럽게 나에게 먹으라고 했고, 감히 임금의 수레를 탔다. 저놈의 목을 베어라!"

이처럼 신하가 왕을 잘못 만나면 목숨이 위태롭지. 만약 왕이 어리석다고 판단되면 빨리 그를 떠나는 것도 현명한 일이야. 여기서 왕을 '리더'라고 바꾸어도 마찬가지야.

마음을 곱게 쓰자

제나라의 벼슬아치 중에 이사夷射라는 사람이 있었다. 그가 왕을 모시고 함께 술을 마시다가 취해서 밖으로 나가 기둥에 기대어 잠시 쉬고 있었다. 그때 발뒤꿈치가 잘린 문지기가 무릎을 꿇고 말했다.

"나리, 혹시 남은 술이 있으면 제게도 좀 주실 수 있습니까?"

이사가 말했다.

"네 이놈, 썩 물러가거라. 벌을 받아 뒤꿈치가 잘린 놈이 어디서 감히 술을 달라고 하느냐?"

문지기는 재빨리 물러났다. 이사가 그곳을 떠나자 문지기는 기둥의 난간 아래 마치 소변을 본 것처럼 보이도록 물을 뿌렸다. 왕이 나오다가 이를 보고 화가 나서 말했다.

"누가 이곳에 소변을 보았느냐?"

문지기가 대답했다.

"모르겠습니다. 하지만 어젯밤 중대부 이사가 이곳에 서 있었습니다."

왕은 이에 이사에게 벌을 내려 죽게 했다.

한비자는 인간의 본성이 원래 간사하고 악한 면도 있지만, 마음을 곱게 써야 한다고 말하고 있어. 가난하고 불쌍한 사람을 도와야 한다는 거지. 이 이야기에 나오는 중대부 이사가 만약 문지기를 무시하지 않고 따뜻한 술 한 잔을 가져다줬다면 나중에 그에게 도움을 받았을지도 몰라. 세상 일이란 돌고 도는 거야. 오늘 힘이 있다고 해서 약한 사람을 깔보거나 갑질을 하면 안 돼. 언제든 갑이 을이 되고, 을이 갑이 될 수 있는 것이 세상의 이치거든. 뭐? 그보다는 '소변을 아무 데나 보면 안 된다.'라는 교훈을 얻었다고?

7

『삼국유사』

우리 민족의 무궁무진한 이야기보따리

『삼국유사』의 지은이는 일연 스님이야. 1206년에 태어나 1289년에 세상을 떠나셨지. 84세까지 사셨으니 당시로선 장수하신 거야. 그런데 일연 스님의 어머니는 1284년에 돌아가셨어. 스님이 79세이고 모친은 96세였으니 장수는 이 집안의 내력인가 봐.

일연은 고려 시대 충렬왕의 국사國師였어. 국사란 나라에 중요한 일이 있을 때 왕에게 가르침을 주고 조언을 하는 스님이야. 그런데 일연 스님은 '노모에게 효도를 다하기 위해' 국사를 그만두고 경북 군위군 인각사로 내려갔어. 그리고 그곳에서 『삼국유사』를 완성했지. 1289년, 스님은 자신의 죽음을 미리 알고 제자들에게 북을 치게 하더니 자리에 앉아 웃으며 이야기하다가 손으로 깨달음을 나타내는 모양을 만들고 숨을 거두었어.

일연 스님이 쓴 『삼국유사』에는 고구려, 백제, 신라의 왕조 이야기를 비롯해서 불교와 관련된 기적과 고승의 행적, 절과 탑 등에 얽힌 유래, 효행, 선행 등이 실려 있어. 삼국 시대의 역사에 대해선 일연 스님보다 약간 앞서 김부식이 『삼국사기』란 책에 잘 정리해 놓았지. 김부식이 주로 사실을 바탕으로 한 역사를 기록해 놓은 반면에 일연 스님은 당시 전해지던 민담이나 전설도 빠짐없이 적었어. 기이한 이야기에 대한 설명도 빼놓지 않았지. 우리가 단군의 후예라는 것도 『삼국유사』가 있어서 알게 된 거야.

누군가 이렇게 물을지도 몰라. 곰과 호랑이가 나오는 단군 이야기는 결국 지어낸 것 아니냐고. 단군이 진짜로 우리 조상인지 어떻게 아느냐고. 그렇다면 다음과 같은 질문에는 어떻게 답할 수 있을까?

- 인류의 조상이 아담과 이브라는 이야기는 사실인가?
- 그리스인들은 제우스, 헤라클레스, 테세우스 등이 자신의 조상이라는데, 이런 이야기는 모두 허구 아닌가?
- 일본 역사책 『고사기』를 보면 마지막 신의 아들이 천황의 조상이라는데, 믿을 수 있는 이야기인가?

신화는 한 지역에 오래 살아온 사람들이 자연을 이해하는 방식이었어. "단군이 진짜로 있었나, 없었나?" 하는 질문은 하나 마나 한 거야. 옛날 사람들은 번개나 천둥 같은 자연 현상을 두려워했고, 곰이나 호랑이같이 힘이 센 맹수를 숭배했어. 아주 오래전, 한반도에 살던 누군가 곰처럼 참을성이 많고 하늘의 신처럼 너그러운 존재가 우리 조상이었으면 좋겠다고 생각했지. 곰에겐 웅녀라는 이름을 붙여 주고 신은 환웅이라고 불렀어. 그 둘이 결혼해서 낳은 아이가 단군왕검이고 그가 고조선의 첫째 임금이 되었다……는 이야기가 대대로 전해져서 고조선의 건국 신화가 된 거지.

신화는 모두 허구야. 누군가 지어낸 것이지. 그러나 때론 허구, 즉 지어낸 이야기가 진실을 담는 유용한 그릇이 되기도 해. 인간의 삶 자체가 허구에 기반하고 있어. 예를 들어 보자. 누군가 "나는 S전자 주식 100주를 갖고 있다."라고 해. 주식이란 주식회사에서 자기 회사에 돈을 투자한 사람에게 발행해 주는 증표야. 그런데 S전자 주식 100주를 갖고 있다는 사람의 주식은 어디에 어떤 모습으로 있는 걸까? 주식은 유가 증권이라고 해서 지폐처럼 가지고 있을 수도 있지만, 대부분 온라인상의 숫자로만 되어 있어. '주식'이라는 게 땅이나 아파트처럼 부동산이 아닌, 보이지 않는 재산이거든. 그런데 사람들은 주식의 가격이 오르면 좋아하고 내리면 절망하지. 심지어 모양도 형체도 없는 그 주식값이 폭락했다고 자살하는 사람도 있어. 주식도 일종의 허구야. 다만 우리 모두가 '저기 주식이 있다.'라고 믿는 것에 불과해.

그리스 신화도 부럽지 않아

만약 일연 스님의 『삼국유사』가 없었다면 우리 민족이 가진 이야기는 아주 빈약했을 거야. 『삼국유사』는 그야말로 스토리의 보물 창

고거든. 일연 스님 덕분에 우리는 그리스 로마 신화 못지않은 풍부한 이야깃거리를 가진 문화 민족이 된 거지. 그러니까 일연 스님께 고맙게 생각해야 해.

『삼국유사』의 시작 부분에서 일연 스님은 이렇게 말했어.

중국에선 무지개가 신기한 할머니의 몸을 두르더니 복희씨(백성에게 고기잡이를 가르쳤다는 전설상의 왕)가 태어났고, 용이 염제(백성에게 농사를 가르쳤다는 전설상의 왕)의 어머니와 관계하여 염제가 태어났다고 한다. 소호(중국 태고 때에 있었다는 전설상의 임금)는 어머니가 서방의 하늘을 담당하는 신과 관계하여 태어났고, 상나라의 조상 설은 유융씨의 장녀가 알을 삼키고 나서 출생했다고 한다. 주나라의 시조 후직은 어머니가 거인의 발자국을 따라가다 생겨났고, 패공 유방은 어머니가 큰 연못에서 용과 어울려 태어났다 한다. 이 뒤로도 이런 일이 많지만 다 기록할 수 없을 정도다. 중국도 이러할진대 우리나라의 시조가 모두 신비로운 데서 나왔다는 것이 어찌 기이하겠는가!

일연 스님은 우리에게 "잘 태어났어. 네가 한민족으로 태어난 걸 자랑스럽게 생각해도 돼!"라고 말하고 싶었던 거야. 지금부터 『삼국유사』에 나온 재미있고 기묘한 이야기들을 읽어 보자고.

신라를 들여다볼 수 있는 왕들 이야기

신라 3대 노례왕(유리왕)은 부왕(왕자나 공주가 자기 아버지인 임금을 이르던 말)이 죽었을 때 매부인 탈해에게 왕의 자리를 양보하려고 했다. 그러자 탈해가 말했다.

"대개 덕이 있는 자는 이가 많은 법이오. 그러니 잇자국으로 시험해 봅시다."

이리하여 두 사람이 떡을 물어 시험해 보니 노례왕의 이가 더 많아서 먼저 왕위에 올랐다. 노례왕이 죽고 나서는 탈해가 왕이 되었다.

왜 이가 많은 사람이 왕이 되었을까? 이가 많다는 건 건강하다는 증거야. 왕이 되어서 얼마 살지 못하고 죽으면 나라가 위태로워지지 않겠어? 그래서 신라 초기엔 왕의 후보 중에 치아가 더 많은 사람이 왕위에 올랐어. 만약 지금이라면 서로 왕이 되려고 "임플란트로 심은 건 무효!"라며 싸우지 않았을까?

신라 18대 실성왕은 전왕의 태자 눌지가 나이가 어려 대신 왕이 되었다. 실성왕은 눌지가 덕망이 있다는 것을 알고 두려워 그를 죽이려 했다. 고구려 사람을 끌어들여 거짓말로 눌지를 초대했는데 고구려 사람은 눌지가 어진 것을 알고 창을 돌려 실성왕을 죽이고 눌지를 왕으로 세운 뒤 돌아갔다.

실성왕이 실성을 했나? 왜 이런 짓을 했을까? 게다가 고구려 사람은 그 짧은 시간에 어떻게 눌지가 어진 것을 알았지? 김부식이 쓴 『삼국사기』에는 "눌지가 실성왕을 원망하여 그를 죽이고 스스로 왕위에 올랐다."라고 기록되어 있어. 도대체 누구 말을 믿어야 할지 모르겠네.

신라 49대 헌강왕 때에는 성안에 초가집이 하나도 없었다. 집의 처마와 담이 이웃과 서로 맞닿아 있었다. 노래를 부르고 피리를 불며 놀았는데, 이 소리가 밤낮으로 끊이지 않고 길거리에 가득 찼다.

신라 사람들이 잘살았나 봐. '초가집이 한 채도 없었다.', '밤새 노래하고 피리를 불었다.'라는 기록이 있는 걸로 봐서 어쩌면 지금보다 잘살았는지도 몰라.

그렇다면 우리 조상들은 놀고먹기만 했을까? 물론 그렇지 않아. 『구당서』라는 중국 역사책에는 고구려 사람들에 대해 이렇게 기록해 놓았어.

"이 나라 사람들은 길에 물건이 떨어져 있어도 줍지 않는다. 책 읽기를 좋아하여 큰 거리에 커다란 집을 지어 서당을 삼고 문지기나 말몰이꾼에 이르기까지 배웠다. 청년들은 혼인하기 전까지 밤낮으로 서당에서 글을 읽고 활쏘기를 익혔다. 『사기』, 『한서』, 『후한서』, 『삼국지』 같은 책을 좋아하여 매우 소중하게 여겼다."

우리 민족은 양심적이고 평화를 사랑하지만 외적의 침입을 9백여 차례나 물리쳤고, 축제가 있을 때는 밤새워 놀기도 했지만 평소에는 책 읽기를 좋아했던 멋진 사람들이었어. 오늘날 대한민국의 예술가들이 한류를 이끌고, 4차 산업 혁명 시대에 필수적인 분야에 많은 한국인 과학자와 기술자들이 종사하는 것은 다 이런 유전자를 이어받았기 때문이지.

『삼국유사』「기이」편에는 이런 이야기가 나와.

김유신이 18세가 되어 검술을 익히고 화랑이 되었다. 이때 어디서 왔는지 알 수 없는 백석이란 자가 무리에 들어왔다. 유신이 고구려와 백제 두 나라를 치려고 친구들과 논의하는데 백석이 말했다.

"내가 공과 함께 고구려로 가서 먼저 정탐한 뒤에 일을 꾸미면 어떻겠습니까?"

유신이 기뻐하며 백석과 길을 떠났다. 영천에 이르러 고개에서 쉬고 있는데 세 여인이 유신에게 말을 걸었다.

"잠시 저희들과 숲속으로 들어가시지요."

유신이 여인들과 숲으로 들어가니 그들이 신으로 변하여 말했다.

"지금 적국의 간자가 공을 유인해 가고 있어 우리가 공을 말리려고 여기까지 왔소."

김유신이 알았다고 하고 돌아와 백석에게 말했다.

"집에 중요한 문서를 두고 왔으니 다시 돌아가 가져와야겠다."

집에 돌아온 유신이 백석을 묶어 놓고 취조하니 백석이 말했다.

"나는 본래 고구려 사람이오. 우리나라 사람들이 말하기를 '신라의 김유신은 우리나라 예언가 추남이었다.'라고 했소. 추남은 고구려 왕의 미움을 받아 죽임을 당했는데, 죽으면서 '내가 죽은 뒤에는 장군으로 다시 태어나 반드시 고구려를 멸망시킬 것이다.' 라고 했소. 그날 밤 왕의 꿈에 추남이 신라 서현공(김유신의 아버지) 부인의 품속으로 들어가는 것을 보았으니 곧 그대의 어머니요. 이에 신하들이 '추남이 유신으로 다시 태어난 것입니다.' 라고 말했소. 이런 까닭에 고구려에서 나를 보내 그대를 유인해 오도록 했소.”

김유신은 백석을 죽이고 신에게 제사를 지냈다.

〈터미네이터〉라는 영화를 알고 있니? 〈터미네이터〉는 미래 세계에서 온 로봇 터미네이터와 인간이 싸우는 이야기야. 미래 세계에서는 인간과 기계가 전쟁을 벌이는데, 인간은 존 코너라는 지도자를 중심으로 기계에 대항해. 미래의 기계들은 어린 존 코너를 죽이려고 터미네이터를 현재로 보낸 거야. 나중에 자신들의 적을 이끌 지도자를 미리 없애려는 거지. 어때? 두 이야기가 비슷하지 않아? 고구려 사람들이 백석을 신라로 보내서 미래에 고구려와 전쟁하게 될 신라의 명장 김유신을 미리 죽이려고 하는 이 이야기하고 말이야. 혹시 〈터미네이터〉를 만든 제임스 카메론 감독이 『삼국유사』를 읽었던 건 아닐까?

짜고 쓴 것처럼 비슷한 동서양의 이야기들

동서양의 고전을 읽다 보면 비슷한 이야기를 종종 볼 수 있어. 한 번 비교해 볼까?

꿈에 소변을 봤더니…

신라 29대 태종 무열왕은 김씨이고 이름은 춘추다. 왕비는 문희로 김유신 공의 막내 누이다. 문희의 언니 보희가 꿈에 경주 서악에 올라가서 오줌을 누는데 오줌이 서울 안에 가득 찼다. 이튿날 아침 문희에게 꿈 이야기를 하니 문희가 말했다.

"내가 언니의 꿈을 살게요."

"뭘로 사겠니?"

"비단 치마를 줄게요."

문희가 치마를 주고 언니의 꿈을 산 지 열흘이 지났다. 유신과 춘추공이 집 앞에서 축구를 하다 춘추의 옷끈이 끊어졌다. 집 안에 들어가 부탁을 하니 보희는 거절하고 문희가 옷끈을 꿰매어 줬다. 이 일로 둘이 가까워졌다.

—『삼국유사』 태종 춘추공 편

메디아 왕국(현재의 이란 북서부에 있던 고대 국가)의 아스티아게스 왕이 어느 날 꿈을 꾸었는데, 자신의 딸 만다네가 엄청난 양의 소변을 보았다. 그 소변으로 메디아 왕국은 물론 전 아시아가 잠기고 말았다. 아스티아게스가 이를 말하니 메디아의 사제들은 만다네가 아들을 낳으면 아시아를 정복하게 될 것이라고 예언했다. 아스티아게스는 만다네가 낳은 아들을 갖다 버리게 했다. 그러나 신하는 차마 아이를 죽이지 못하고 목동에게 주어 기르게 했다. 아이가 자라 열 살이 되었을 때 왕놀이를 하다 고관의 아이를 때렸다. 고관은 아스티아게스 왕에게 이 아이를 벌주도록 했다. 왕이 아이에게 물었다.

"너는 왜 고관의 아이를 때렸느냐?"

"아이들이 나를 왕으로 뽑아 놀고 있었습니다. 그런데 고관의 아이가 자기 아버지를 믿고 내 말을 따르지 않았습니다. 나는 왕이 고관보다 높다는 것을 보여 주고 싶었습니다."

왕이 자세히 보니 아이가 자기와 공주를 너무 닮아 있었다. 신하를 불러 조사하니 그 아이가 바로 만다네 공주의 아들이자 자신의 외손자였다. 이 아이는 자라서 왕이 되었고, 아시아를 정복했다.

－헤로도토스의 『역사』 키루스 대왕 편

임금님 귀는 당나귀 귀!

신라 48대 경문왕이 왕위에 오르고 얼마 지나지 않아 갑자기 귀가 길어져서 당나귀처럼 되었다. 왕후와 궁 안의 사람들은 모두 이 사실을 몰랐으나 머리에 쓰는 관을 만드는 기술자만은 알고 있었다. 그는 평생 이 사실을 남에게 말하지 않았으나 죽을 때가 되어 월성의 도림사 대나무밭에 들어가 이렇게 외쳤다.

"임금님 귀는 당나귀 귀!"

그 후로 바람이 불면 대나무밭에서 "임금님 귀는 당나귀 귀!" 하는 소리가 났다. 왕은 이 소리가 듣기 싫어 대나무를 모두 베어 버리고 산수유를 심었다. 그랬더니 다음부터는 "임금님 귀는 길다." 라는 소리만 났다.

－『삼국유사』 경문왕 편

프리기아(소아시아 중서부에 있던 고대 국가)의 왕 미다스는 어느 날, 숲의 신 판과 음악의 신 아폴로가 서로 악기 연주로 경쟁하는 것을 보게 되었다. 판은 갈대 피리를 불고, 아폴로는 리라(하프와 비슷하게 생긴 고대 그리스의 작은 현악기)를 켰다. 심판관 트몰로스가 아폴로가 더 잘했다고 하자 미다스 왕은 "판이 더 잘했다." 라고 대꾸했다. 화가 난 아폴로는 미다스 왕의 귀를 당나귀 귀로 만들어 버렸다.

미다스 왕은 당나귀 귀가 부끄러워 모자를 쓰고 다녔다. 하지만 이발사에게만은 귀를 보여 주어야 했다. 이발사는 이 사실을 누구에게도 말하지 않았으나 입이 근질거려 참을 수 없었다. 그래서 이발사는 땅에 구멍을 파고 외쳤다.

"우리 왕의 귀는 당나귀 귀다!"

이발사는 흙을 덮어 구멍을 메우고 갔다. 나중에 그곳에 갈대가 자랐는데 바람이 불 때마다 "왕의 귀는 당나귀 귀다!" 하는 소리가 울려 퍼졌다.

－오비디우스의 『변신 이야기』 미다스 왕 편

미다스 왕과 경문왕 이야기는 정말 똑같지? 도대체 어찌 된 일일까? 일연 스님이 고대 로마 작가인 오비디우스가 쓴 『변신 이야기』를 읽었던 것일까? 추측건대 '임금님 귀는 당나귀 귀' 스토리는 그리스에서 신화로 전해지던 것이 알렉산더 대왕의 동방 원정 때 인도로 전해졌고, 인도에서 중국, 다시 신라까지 퍼진 것이 아닌가 싶어.

파키스탄 북부의 페샤와르 지역을 예전에는 간다라라고 했어. 기원 전후쯤부터 5세기경 사이에 간다라의 불상은 오똑한 코, 곱슬머리, 입체적인 옷 주름 등 그리스 조각과 비슷하게 만들어졌지. 알렉산더 대왕이 이 지역을 정복하고 나서 간다라는 300년 동안 그리스의 지배를 받았어. 그리스풍 조각을 보고 멋있다고 여긴 간다라 사람들이 그걸 본떠서 불상을 만든 거야. 이 불상이 위진 남북조 시대 때 중국에 전해져서 또 비슷한 모양의 불상이 만들어지고 신라에까지 전해졌어. 석굴암 불상 같은 것은 간다라 미술풍으로 제작된 거야. 문화란 이렇게 서로 영향을 주고받으면서 발전한단다.

노래로 귀신을 물리치는 이야기

신라 헌강왕 때 동해 용왕의 아들이 나타나서 헌강왕을 돕겠다고 했어. 말하자면 신의 아들이지. 그의 이름은 처용이야. 왕은 그에게 미녀를 아내로 삼게 하고 관직을 주었어. 그런데 처용의 아내가 너무 아름다워서 역신(전염병을 퍼뜨리는 귀신)이 밤에 몰래 가서 동침을 했어.

처용이 밖에서 돌아와 두 사람이 함께 누워 있는 것을 보고 말았어.
그리고는 어떻게 했을까? 분노하여 역신을 물리쳤을까? 처용은 노래
를 부르며 물러났어. 이런 노래였지.

서라벌 밝은 달 아래

밤새 노닐다가

집에 와 자리를 보니

다리가 넷이어라.

둘은 내 것인데

둘은 뉘 것인고?

본디 내 것이지만

빼앗긴 걸 어찌하리.

이 노래를 듣고 역신이 본모습이 되어 처용 앞에 꿇어앉아 말했어.
"내가 공의 부인을 사모하여 잘못을 저질렀으나 공이 노여워하지
않으니 몹시 감동하고 또한 두렵습니다. 이제부터는 공의 모습을 그
린 것만 보아도 피하겠습니다."

이 일이 있고 나서 신라 사람들은 처용의 얼굴을 그려 집 앞에 붙
여 두었어. 이후 처용의 얼굴은 잡귀를 물리치고 경사스러운 일을 불
러오는 부적이 됐지.

신라 사람들은 왜 이런 이야기를 만들었을까? 의학이 발달하지 않

왔던 당시에는 한번 전염병이 돌면 많은 사람이 병들고 죽었어. 원인이 뭔지도 몰랐고 처방책도 없었지. 그래서 사람들은 전염병을 퍼뜨리는 귀신이 있다고 생각했어. '귀신이 있다면 그를 물리치는 존재도 분명 있으리라!' 이런 염원이 '처용'이라는 인물을 탄생시킨 거야. 그런데 전염병을 물리칠 정도라면 보통 사람이어선 안 되잖아. 용왕의 아들은 되어야 신통력이 있지 않겠어?

처용이 역신을 물리치는 방식도 재미있어. 초능력을 발휘하는 것도 아니고 손으로 장풍을 쏘거나 화려한 무술을 쓰는 것도 아니야. 그저 노래를 불러. 그게 다야. 그럼 역신이 알아서 물러나는 거지. 고대 세계에서 노래는 굉장한 힘이 있었어. 『삼국유사』의 다른 이야기에도 노래가 힘 있는 도구로 등장해. 그중 하나가 〈해가〉야. 〈해가〉는 〈구지가〉와 아주 비슷해.

신라 33대 성덕왕 때 순정공이 강릉 태수로 부임하였다. 공의 아내 수로 부인과 한 정자에서 점심을 먹는데 갑자기 용이 나타나 부인을 끌고 바닷속으로 들어갔다. 공이 발을 구르며 안타까워했으나 도리가 없었다. 이때 한 노인이 나타나 말했다.

"옛사람 말에 여러 사람의 말은 쇠도 녹인다 했으니 백성들을 모아 노래를 부르면서 지팡이로 언덕을 치면 부인이 돌아올 것입니다."

공이 그대로 했더니 용이 부인을 모시고 나와 바쳤다. 수로 부인은 용모가 아름다워 큰 산이나 깊은 못을 지날 때마다 괴물이 나타나 잡아갔다. 그때마다 사람들이 모여 이렇게 노래하면 괴물은 부인을 돌려보냈다.

거북아, 거북아, 수로 부인을 내놓아라.
남의 부인 앗아 간 죄 그 얼마나 큰가.
네가 만일 거역하고 내놓지 않으면
그물로 잡아서 구워 먹으리.

최초의 영호남 커플 이야기

『삼국유사』에 따르면 백제 30대 무왕은 원래 평민이었고 그 어머니가 용과 동침하여 태어났어. 하지만 『삼국사기』에는 무왕은 법왕의 아들이라고 기록되어 있지. 일연 스님은 무왕이 젊은 시절에 신라 진평왕의 셋째 딸인 선화 공주와 어떻게 결혼했는지 써 놓았어. 〈서동요〉라는 노래와 함께 말이야.

『삼국유사』에 따르면 무왕에 대한 믿거나 말거나 한 사실 세 가지가 있어.

첫째, 무왕은 우리나라 최초로 SNS의 중요성을 알았다.

무왕의 젊은 시절 이름은 '장璋'이었어. 장은 선화 공주가 절세미인이란 말을 듣고 신라의 경주로 가서 일단 아이들에게 마를 먹이면서 친해져. 그리고 노래를 가르쳐 주지.

선화 공주님은

남몰래 사귀어 두고

서동방을

밤에 몰래 안고 간다.

장이 아이들에게 가르쳐 준 노래는 신라 인기 가요 1위에 오를 정도로 히트를 쳤어. 이 노래는 곧 왕과 왕비, 신하들의 귀에까지 들어갔지. 신하들은 "이런 노래가 유행하는 것으로 보아 선화 공주가 음탕한 일을 하는 것이 틀림없으니 공주를 추방해야 합니다."라고 주장했어. 왕도 어쩔 수 없이 승낙했지. 공주의 어머니는 공주가 불쌍해서 순금 한 말을 내주었어. 그러니까 장은 공주를 만나기 위해 궁에서 쫓겨나게 만든 거야. 그 방법은 아이들에게 '입에서 입으로' 노래를 전파하는 것이었지. 이것이 우리나라 최초의 소셜 네트워크 서비스 아니겠어?

둘째, 무왕은 우리나라 최초의 스파이였다.

장은 경주에 가서 틈나는 대로 신라와 신라 백성들을 염탐했어. 나중에 무왕이 되었을 때 신라와 여러 차례 전쟁을 벌이는데, 이때 알아두었던 스파이 지식이 무척 도움이 되었다나. 믿거나 말거나.

셋째, 무왕과 선화 공주는 최초의 영호남 커플이다.

선화 공주가 궁에서 쫓겨나 가마를 타고 가는데 도중에 장이 나타나서 "공주님의 보디가드가 되어 드리겠습니다." 하고 말해. 공주가 허락하고 보니 잘생긴 거야. 며칠 뒤, 두 사람은 같은 가마를 타고 가게 된다는 이야기야.

백제 출신의 장과 신라 출신의 선화는 이렇게 해서 사랑에 빠졌고 결혼에 골인했어. 그렇다면 장과 선화 공주는 우리나라 최초의 영호남 커플이 맞지?

 ## 판타지와 호러와 휴머니즘이 버무려진 책

『삼국유사』는 우리나라의 스토리 보물 창고야. 일본에는 이렇게 다양하고 기묘한 이야기들을 모아 놓은 책이 없어. 우리나라가 얼마나 부러웠는지 일본 학자들이 '삼국유사 연구회'라는 걸 만들어서 해마다 모임을 가질 정도야. 『삼국유사』에는 판타지가 있고, 호러가 있고, 또 휴머니즘이 있어. 한 편 한 편이 모두 '전설의 고향'이고 위대한 작품이지.

마지막으로 『삼국유사』에서 가장 신비로운 이야기를 들려줄게.

창원 백월산 남쪽에 두 사람이 살고 있었다. 박박과 부득이었다. 두 사람은 스무 살이 되자 머리를 깎고 중이 되었다. 박박은 북쪽에, 부득은 남쪽에 각각 암자를 짓고 도를 구하는 일에 정진했다. 3년이 지난 어느 날, 아름다운 여인이 사향 냄새를 풍기면서 박박의 암자에 와서 말했다.

"갈 길은 멀고 해는 져서 오늘은 이 암자에서 자고 가길 청합니다."

"절은 구도하는 곳으로 청정해야 하오. 여인이 올 곳이 아니니 다른 곳으로 가시오."

박박은 이렇게 말하고 문을 닫고 들어갔다. 여인은 다시 부득의 암자로 가서 청했다. 부득은 여인이 불쌍해 보여 들어와 있게 했다. 잠시 후 여인은 "산고가 있으니 목욕물을 준비해 주십시오." 라고 했다. 부득은 또 거절하지 못하고 목욕통을 준비하고 물을 데워 여인을 목욕하게 했다. 순간 물에서 천상의 향기가 나면서 물이 금색으로 변했다. 여인은 부득에게 말했다.

"스님도 이 물에 함께 목욕하시지요."

부득이 그 말을 따랐더니 갑자기 정신이 상쾌해지면서 온몸이 금색으로 변했다. 옆을 보니 연꽃 모양의 자리가 있어 앉자 여인이 말했다.

"나는 관음보살인데 대사를 도와 성불하도록 이 모든 일을 한 것이오."

부득이 정신을 차려 보니 여인은 사라지고 없었다.

한편 박박은 '여인이 분명 부득에게 갔을 테고 부득이 계율을 어겼을 것이다.' 하고 생각해 부득을 놀려 주려고 했다. 그런데 와서 보니 부득은 온몸에서 미륵불처럼 빛이 나고 있었다. 박박이 자기도 모르게 꿇어앉아 절하며 연유를 물으니 부득이 사정을 이야기했다.

박박이 탄식하며 말했다.

"내가 먼저 부처님을 만났으나 나는 하나만 알고 둘은 몰라 성불하지 못했구려."

여인을 도왔을 뿐인데 성불을 했지 뭐요.

부득이 "물이 남아 있으니 스님도 목욕하시오." 라고 말했다. 박박이 목욕하자 부득과 같이 부처의 몸이 되었다. 사람들이 소식을 듣고 와서 두 사람을 만나니 둘은 그들에게 부처의 가르침을 전하고 구름을 타고 사라졌다. 지금도 백월산 남사에 가면 두 부처가 모셔져 있다.

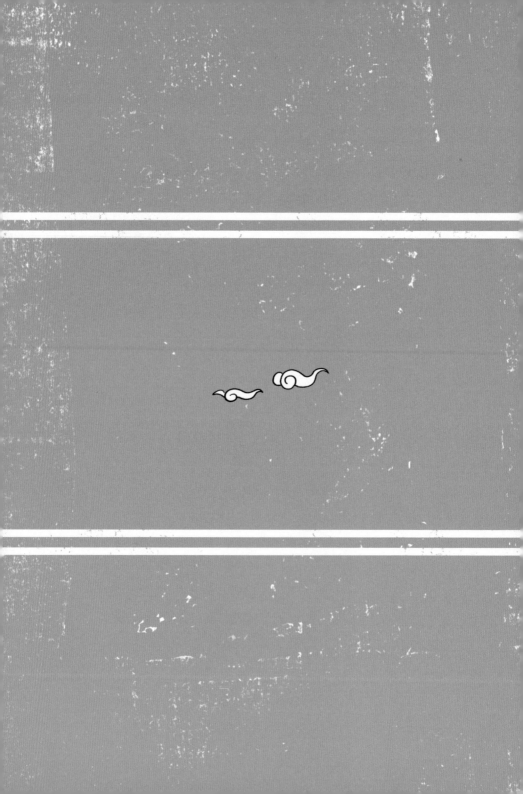

8

『예기』의 「학기」편

공부 좀 해! 공부 안 하니?

동양 사상에 영향을 미친 두 개의 축은 유교와 도교야. 유교 사상의 가장 중요한 인물은 공자, 맹자이고, 도교 사상의 가장 중요한 인물은 노자, 장자이지. 유교는 사람과 사람 사이의 관계에 바탕을 둔 사상이고, 도교는 나 한 사람의 욕망에 방점을 찍은 사상이야. 또는 유교는 현실에, 도교는 이상에 집중한 사상이라고 할 수도 있어.

유교에서 가장 중요하게 여기는 책을 '사서삼경四書三經'이라고 해. 『논어』, 『맹자』, 『대학大學』, 『중용中庸』을 사서라고 하고, 『시경詩經』, 『서경書經』, 『역경易經(주역周易)』을 삼경이라고 하지. 때로는 삼경에 『춘추春秋』와 『예기禮記』를 더해서 '사서오경'이라고 부르기도 해. 이미 앞에서 살펴본 책도 있긴 하지만, 각각의 책에 대해 간략히 알려 줄게.

사서

『논어』: 공자와 그의 제자들의 언행을 모은 책.

『맹자』: 공자를 정신적 스승으로 여긴 맹자와 그의 제자들의 언행을 모은 책.

『대학』: 공자의 제자 증자가 지었다고 하는 책.

『중용』: 공자의 손자 자사가 지었다고 하는 책.

『대학』이나『중용』의 저자에 대해서는 여러 가지 설이 있어. 어쨌든 두 책 모두 대체로 공자의 말씀을 풀어서 쓴 책이야. 공자가 동양 사상에 얼마나 중요한 인물인지 알겠지? 싫든 좋든 공자를 공부해야 하는 이유지.

오경

『시경』: 중국 고대의 시가(노래)를 모아 정리한 책. 작자 미상.

『서경』: 중국 고대의 왕과 신하들의 언행을 모아 정리한 책. 작자 미상.

『역경(주역)』: 우주의 이치와 음양의 원리를 설명한 책. 작자 미상.

『춘추』: 춘추 시대 노나라의 역사를 정리한 책. 노나라 사관의 기록을 공자가 엮은 것으로 알려짐.

『예기』: 중국 고대의 제도, 법률, 의식, 논설 등을 정리한 책. 여러 작자.

『예기』라는 책은 중국 주나라 시대부터 한나라 초기까지 전해져 내려오는 다양한 주의, 주장이 담겨 있어. 한나라 선제 때 대성戴聖이란 사람이 정리했지.『예기』속에 들어 있는 '학문'에 대한 기록이 바로「학기學記」편이야.

여기서는「학기」편과 함께 스승을 모시는 법인「존사尊師」편을 소개하려고 해.「존사」편은 진시황제 시절의 재상인 여불위가 "천하의 모든 지식을 담겠다."라는 포부로 전국의 학자들을 모아 만든『여씨춘추』에 나오는 글이야. 「학기」 편을 이해하는 데 중요한 부분이어서 먼저 살펴볼 필요가 있지.

이렇게까지 말하는데 공부 안 해?

하늘이 사람을 낼 때 귀로 들을 수 있게 했으나, 배우지 않으면 듣지 못하는 것과 같다. 눈으로 볼 수 있게 했으나, 배우지 않으면 보지 못하는 것과 같다. 입으로 말할 수 있게 했으나, 배우지 않으면 말하지 못하는 것과 같다. 정신은 지각할 수 있게 했으나, 배우지 않으면 멍청하게 행동하고 미친놈처럼 말하는 것과 같다.

공부 안 하면 눈 멀고 귀 먹고 말 못하는 것과 같다니, 이건 뭐 협박도 보통 협박이 아니네. 정말 옛날 사람들은 '치사해서'라도 공부했을 것 같아.

자장은 출신이 보잘것없었으나 공자에게 배웠다. 안탁취도 유명한 도둑이었으나 공자에게 배웠다. 단간목은 유명한 거간꾼이었으나 공자의 제자 자하에게 배웠다. 고하는 강도였으나 묵자에게 배웠다. 색로삼은 사기꾼이었으나 묵자의 제자 금골려에게 배웠다. 이들은 잘못했으면 형벌을 받아 죽임을 당할 수도 있었으나 천하의 이름난 선비로 칭송받게 되었다. 이는 그들이 배웠기 때문이다.

이것 봐. 아무리 비천하고 험악한 사람이라고 해도 배우면 새 사람이 된다잖아. 이 글을 읽고 있는 여러분이 과거에 어떤 잘못을 했더라도, 반성하고 죗값을 치렀다면 이제부터는 공부하면 되는 거야.

배울 때는 궁금한 것이 남아 있어서는 안 된다. 궁금한 것이 있으면 선생님이 기분 좋으실 때 물어봐야 한다. 말씀을 듣고 나서는 돌아 나와 잘 생각해 보고 깨우쳐야 한다. 책을 읽고 외우는 데 힘써야 하고 선생님이 하는 말에 귀를 기울여야 한다. 또 수시로 같이 배운 사람들과 토론해야 한다.

공부의 기본은 암기! 일단 외우는 건 기본이야. 또 궁금한 건 물어보되, 선생님이 기분 좋으실 때 물을 것! 선생님이 기분 나쁠 때 물으면 자칫 내 기분도 나빠질 수 있다는 걸 명심해야 해.

선비가 가져야 할 큰 생각 중에서 남을 이롭게 하는 것보다 더 큰 것은 없고, 남을 이롭게 하는 것 중에서 가르침보다 더 큰 것은 없다.

공부해서 남 주니? 맞아. 공부해서 남에게 도움 되는 사람이 되어야 해. 그게 공부하는 이유야. 그러니까 공부해서 남 주자고!

몸을 수양하여 인격을 완성하는 방법 중에 어떤 것도 배움만 한 것이 없다.

네, 네, 열심히 배우겠습니다!

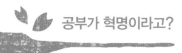

공부가 혁명이라고?

「학기」 편의 첫 장에는 이런 말이 나와.

군자가 만약 화민성속化民成俗하고자 한다면 반드시 학문을 통하지 않으면 안 된다.

여기서 화민성속은 '백성을 변화시켜 아름다운 풍속을 이룬다.'라는 뜻이야. 그런데 김용옥 선생은 이렇게 해석했어.
"화민성속이란 현대어로 표현하자면 '혁명革命revolution'의 의미와 같다. 「학기」는 학문을 통한 혁명을 논구하는 서물이라고 할 수 있다."
혁, 이럴 수가! 아니 그럼, 공부하란 말이 혁명을 일으키란 얘기냐

◆ 김용옥, 「대학·학기 한글역주」, 통나무, 2009, 231쪽

고? 워, 워. 흥분하지 말고 선생님 말을 끝까지 들어 보라고. 앞의 「존사」 편에서 '선비가 가져야 할 큰 생각 중에서 남을 이롭게 하는 것보다 더 큰 것은 없다.'라고 했지? 결국 고대의 현인들은 학문의 목적을 '타인을 이롭게 해서 정의를 이루는 것'에 두었어. 저 혼자 잘 먹고 잘 살자고 배우는 게 아니었다고. 공자가 고리타분한 것 같지만, 그분도 늘 '함께 잘 먹고 잘 사는' 정의를 외쳤어.

『혼자만 잘 살믄 무슨 재민겨』라는 책이 있어. 농사를 지으면서 글을 쓰는 전우익 선생의 책이야. 이 책에서 전우익 선생은 "혼자만 잘 살면 별 재미 없습니다. 뭐든 여럿이 노나 갖고 모자란 곳을 두루 살피면서 채워 주는 것. 그게 재미난 삶 아니껴?"라고 말했어. 어때, 정말 그런 것 같아?

혁명이란 '이전의 관습이나 제도, 방식 따위를 단번에 깨뜨리고 질적으로 새로운 것을 급격하게 세우는 일'이야. 산업이 급격하게 새로운 것으로 대체될 때 '산업 혁명'이라고 하지. 우리는 4차 산업 혁명의 시대에 살고 있어. 「학기」편은 우리 삶의 방식을 공부를 통해 혁명적으로 바꾸어야 한다고 주장하고 있어.

배우지 않으면 사람의 도를 알지 못한다고?

옥은 쪼지 않으면 그릇이 될 수 없다.
사람은 배우지 않으면 도를 알 수 없다.

고대 중국 사회에서 가장 중요하게 여긴 보석은 옥이야. 왕과 귀족의 장신구를 만들었을 뿐 아니라, 가장 중요한 예식을 치를 때에는 옥으로 만든 그릇을 썼어. 그런 옥도 쪼지 않으면, 즉 절차탁마하지 않으면 그릇이 될 수 없듯이, 사람도 배우지 않으면 도를 알 수 없는 법이지. 여기서 도란 인생의 길, 곧 삶의 진리라고 해석할 수 있어.

맛있는 요리가 있어도 먹어 보지 않으면 그 맛을 알 길이 없다.
지극한 진리가 있어도 배우지 않으면 그 좋음을 알 길이 없다.
배우고 나서야 자신이 부족하다는 것을 알게 되고
가르치고 나서야 자신이 모자라다는 것을 알게 된다.

그러므로 예로부터 "가르침과 배움은 서로 발전하게 만든다."
라고 했다.

또 『서경』 「열명說命」 편에서 이와 같이 말했다.

"가르침의 반은 배움이다."

배움의 중요성을 강조하고 또 강조하는 「학기」 편. 「학기」 편에 나
오는 고사성어 중에 '교학상장教學相長'이란 말이 있어. 가르치는 사
람과 배우는 사람은 교육 과정 속에서 서로를 성장하게 만든다는 말
이야. 가르치는 사람이 학생을 성장하게 할 뿐 아니라, 학생이 선생
에게 질문하는 과정 속에서 선생 역시 발전한다는 뜻이지. 학생이 성
장하는 모습은 선생의 발전에 밑거름이 돼.

비슷한 말로 '효학반斅學半'이란 말이 있어. 『서경』의 「열명」 하편
에 나오는 말인데, 남을 가르치는 일은 자기 공부의 반을 차지한다
는 뜻이야. 가르치는 것을 100이라고 했을 때, 그중 50은 배움이라
는 거지. 가르치면서 배우지 못한다면 참다운 스승이 될 수 없어. 스
승은 언제든 제자에게 배울 자세가 되어 있어야 하고, 선생은 학생을
통해 자신의 모습을 보고 반성하는 법이야. 좋은 선생이 좋은 제자를
만들고, 좋은 제자가 좋은 선생을 만드는 거지. 앞에서 맹자와 제자
들이 바로 그 본보기였지.

옛날 현명한 왕이 백성을 교육하고자 나라에 대학을 세웠다. 공

부를 시작해 1년이 되면 학생들에게 시험을 치러 고전의 뜻을 알게 했다. 3년이 되면 또 시험을 통해 학문을 좋아하고 열심히 공부하는지 보았다. 더불어 친구들과 잘 사귀는지를 살폈다. 5년이 되면 모든 과목에 대해 시험을 보고 스승을 존경하는지 살폈다. 7년이 되면 논문 시험을 보고 친구를 잘 선택하는지 보았다. 9년이 되면 역시 시험을 통해 사물의 이치를 잘 알고 자립하는지를 살폈다. 이때가 되면 흔들리지 않고 자신만의 의견을 갖게 되고 예전의 나쁜 습관으로 돌아가지 않는데, 이를 일컬어 '대성大成(크게 이룸)'이라고 한다.

아하! 2,500년 전에도 시험을 봤구나! 시험의 역사가 이렇게 오래됐다니……. '시험 없는 학교'라는 건 어쩌면 환상일지도 몰라. 쥐도 스트레스가 있어야 먹이 찾을 생각을 한대. 사람은 어떻겠니? 1년에 한두 번은 시험을 봐야 정상이야. 너무 자주는 싫겠지만. 그리고 학문의 대성을 이룬 사람은 흔들리지 않고 자신만의 의견을 갖게 되고 예전의 나쁜 습관으로 돌아가지 않는다고 했어.

자, 이 다음 문장이 중요해.

대성을 이룬 이후에야 민중을 감화시키고 풍속을 개혁시킬 수 있는 지도자가 된다.

그러니까 아무나 지도자가 되면 된다? 안 된다!

> 어린 학생들은 나이 든 학생들의 의견을 경청할 뿐 질문을 하지 않게 한다. 이는 배움에도 선후배가 있어 멋대로 앞서가지 않게 하려는 것이다.

오래전 내가 인도에 갔을 때 일이야. 인도 민속 무용인 까탁 댄스에 대해 촬영을 하러 갔었지. 그곳에는 까탁 댄스의 대가이자 인도의 인간문화재 격인 선생님이 있었어. 선생님 앞에서부터 학생들이 앉아 있는데, 차례로 15년 차, 10년 차, 5년 차 학생들이야. 선생님이 시범을 보이면 15년 차 학생이 따라 하고 그다음 10년 차가 따라 하고 5년 차가 뒤를 잇지. 오래 배운 학생이 춤을 추면 나머지 학생들은 조용히 지켜볼 뿐 함부로 질문하지 않아. 궁금한 것이 있으면 쉬는 시간에 조용히 선배들에게 물어보지.

물론 이런 방식이 반드시 옳다고 할 수는 없어. 더구나 우리나라 학생들은 오히려 나이가 들수록 질문을 하지 않지. 내가 초등학교부터 대학원까지 강의를 해 보면, 초등학생들이 가장 질문을 많이 해. 이 부분에 대해서만큼은 「학기」 편을 따르지 않아도 될 것 같아. 나이가 어리든 많든 궁금한 것은 질문해야 해. 질문이 곧 공부야.

집에 돌아가서도 반드시 해야 할 숙제가 있다. 만약 거문고를 연주한다고 하면 늘 익숙하게 연습하여 손에 익어야 악기를 연주할 수 있다. 마찬가지로 쉴 때도 널리 사물의 이치를 생각하고 공부할 때 생긴 의심과 관심을 마음에 두어야 한다. 배우는 것을 편하게 여겨야 스승과 가까워질 수 있다. 벗들과 열심히 공부하고 살면서 배운 것을 실천하면 선생과 벗을 떠나도 빗나가지 않게 된다.

맙소사! 숙제가 있었다니! 교육이란 옛날이나 지금이나 비슷하구나. 아무튼 「학기」 편에서는 스승과 제자의 관계, 학우끼리의 관계를 중요하게 생각해. 공부는 혼자 하지만 교육은 혼자 받을 수 없거든. 반드시 선생과 학생이 있고, 같이 배우는 학우가 있어야 하는 법이지. 벗들끼리 경쟁하고 비판하고 우정을 나누는 것이 교육에서 가장 중요한 부분이야. 친구 중에 최고의 친구는 함께 공부하는 친구라고!

「학기」 편은 그래서 "친구 없이 혼자 공부하면 고루해지고 지식이 얕을 수밖에 없다."라고 이야기해. 하지만 또 "친구와 놀기만 하면 학문은 멀어진다."라고 강조하지. 역시 친구도 잘 만나야 해.

잘 배우는 자는 선생이 가르치기 쉬워 50을 가르쳐도 100을 안다. 그는 자신의 공을 스승에게 돌린다. 잘 배우지 않는 자는 스승을 힘들게 한다. 100을 가르쳐도 50만 알고 이에 대해 스승을 원망한다.

이거 왠지 찔리네. 선생님도 가끔은 남 탓을 할 때가 있어. 또 옛날의 스승을 원망할 때도 있지. 그러면서 학생들에게 "남 탓하지 마라."라고 말하곤 했어. 아, 반성해야겠는걸.

「학기」 편에서는 질문하는 방법도 알려 주고 있어. 그 방법을 도끼로 나무를 찍어 넘길 때에 비유했어. 과연 어떤 식으로 하라고 했을까?

1. 쉬운 곳부터 찍기 시작해 굵은 곳을 넘어뜨린다.
2. 굵은 곳부터 찍기 시작해 자연스럽게 넘어가게 한다.

「학기」 편에서는 1번처럼 하라고 주장해. 도끼로 나무를 벨 때는 허술하고 약해 보이는 곳부터 시작해서 차츰 굵고 단단한 곳을 찍으라는 거야. 처음부터 단단한 곳을 찍으면 도끼날이 무뎌질 수 있지. 질문도 마찬가지야. 쉬운 것부터 물어서 알고 그다음 단계로 나아가야 어려운 문제도 알 수 있게 된다는 거야.

큰 덕이 있는 사람은 어떤 일을 맡겨도 잘 처리한다. 큰 도를 알면 어떤 일에 적용해도 잘 된다. 큰 믿음이 있는 사람은 누구에게나 신뢰받는다. 옛날 훌륭한 왕들이 제사를 지낼 때 개울 신에 먼저 제사 지내고 바다 신을 받들었다. 개울이 근본이고 바다는 결실이다. 배우는 사람은 기본을 잘 다지는 데 힘써야 한다.

「학기」편의 마지막 구절이야. 공부를 잘하려면 기본을 잘 다져야해. 음표를 모르고 피아노를 칠 수 없고 방정식을 모르고 미적분을풀 수 없지. 영어를 잘하려면 단어부터 외워야 하고, 축구를 잘하려면 체력부터 길러야 해. 건너뛰거나 미리 알려고 하지 말고 지금 배우는 기본적인 공부를 차근차근 하다 보면 어느덧 이렇게 말하게 될 거야.

"공부가 제일 쉬웠어요."(정말이라니까! 한번 믿어 봐.)

『묵자』

동양의 예수가 쓴 종횡무진 사상서

노동자 출신의 사상가, 묵자

묵자(B.C.480년경~B.C. 390년경)는 생몰 연도가 정확히 알려져 있지 않아. 대략 추측할 뿐이지. 대체로 공자보다 늦고 맹자보단 일찍 활동한 것으로 여기고 있어. 이름은 적翟이야. 고대 중국에선 그 사람의 직업이 성이 되는 경우가 많았어. 중국에서 가장 오래되고 방대한 문자 해설서인 『설문해자』를 쓴 허신에 의하면 '묵'은 곧 먹을 뜻해. 그런데 이때의 먹은 글을 쓰기 위한 것이 아니라 목수가 사용하는 먹통의 먹이야. 또 묵은 성을 쌓거나 집을 지을 때 쓰는 튼튼한 밧줄을 뜻하기도 해. 그러므로 묵적은 공인工人, 즉 노동자였고, 그를 따르는 집단은 노동자 집단이었다는 거야.

이 공인들의 리더를 대대로 '거자巨子'라고 했는데, '거'는 공인이 손에 규구規矩(컴퍼스와 ㄱ 모양 자)를 갖고 있는 모습이야. 이 시대의 공인은 나무를 다루는 목공, 흙을 다루는 토공, 도자기를 빚는 도공, 가죽을 다루는 혁공, 철을 다루는 철공 등이 있었어. 이와 같은 전문 기술자를 포함한 인물들이 묵가 집단을 이루었고, 거자가 이들을 이끌었지.

묵자는 노동자 출신이었지만 공부하는 사람이었어.

◆ 묵자, 권오석 역해, 『묵자』, 홍신문화사, 1994, 404~405쪽 참고

묵 선생님이 남쪽으로 가서 위나라를 위해 일할 때 수레 속에 많
은 책을 싣고 있었다. 제자인 현당자가 보고 이상히 여겨 물었다.

"선생님이 공상과(묵자의 제자)를 가르칠 때는 '오직 굽고 곧은 것
을 헤아릴 따름이다.' 라고 하셨는데 지금은 많은 책을 갖고 다니시
니 어찌 된 일입니까?"

묵 선생님이 말씀하셨다.

"옛날 훌륭한 성인인 주공 단은 매일 아침 100편의 글을 읽고 저
녁에는 열 명의 선비를 만났다. 그래서 주공 단은 재상이 되어 천
자를 보좌했고 오늘날까지 존경받는다. 나는 위로 섬겨야 할 왕이

없고 아래로 농사지을 어려움도 없다. 어찌 내가 감히 공부하는 일을 그치겠는가?"

주공 단은 주나라를 세운 주무왕의 동생이야. 성이 희씨라 희단이지. 주무왕이 죽고 나서 아들 성왕이 왕위를 이었는데 너무 어렸어. 성왕의 삼촌으로서 단은 대리청정을 했어. 나라를 다스리는 법을 정비하고 예와 음악으로 백성을 교화시켰지. 또 선비를 중히 여겨 머리를 감다가 세 번이나 뛰쳐나가고, 밥을 먹다 세 번이나 뱉고 손님을 맞이했지. 그때는 스마트폰이나 전화가 없었기 때문에 손님이 연락도 안 하고 무작정 찾아왔거든. 이름난 학자가 찾아왔는데 마침 머리를 감고 있었다면? "좀 기다리시오." 할 수도 있겠지만 주공 단은 손님을 극진히 대하는 사람이었기에 감던 머리를 말아 올린 채, 혹은 먹던 음식을 뱉어 내고서 맞이했던 거지. 이러니 사람들이 감동하지 않겠어? 많은 인물들이 주공 단을 도와 주나라를 굳건하게 만들었지.

성왕이 성년이 되자 주공 단은 정치를 성왕에게 맡기고 미련 없이 물러났어. 사실 이것이 가장 훌륭한 점이지. 공자는 주공 단을 매우 존경했어. 묵자도 그랬지. 묵자는 그의 책에서 옛날의 성인은 이렇게 저렇게 다스렸다고 말하는데 그 성인에는 주공 단도 포함돼.

묵자는 왕이나 대신들이 나라를 부강하게 하고 백성을 잘 살게 하려면 현명하고 능력 있는 사람을 써야 한다고 주장했어. 현명하고 능력 있는 선비가 많으면 나라의 정치가 제대로 굴러 가고 곧 좋은 나

라가 된다는 거야. 『묵자』에서 그는 '현명한 인재를 쓰기 위한 방법'
을 제시했어. 그게 뭐였을까?

1. 왕족과 귀족을 잘 교육시켜 인재로 만든다.
2. 언변이 뛰어난 자를 시켜 인재들을 설득한다.
3. 연봉을 많이 준다.

정답은 3번. 묵자는 현실적인 사상가였어. 그는 인재를 쓰려면 투
자를 하라면서 이렇게 말했어.

만약 한 나라에 활을 잘 쏘고 수레를 잘 모는 사람이 많아지길 원한다면 반드시 그들을 부유하게 해 주고, 귀하게 해 주고, 또 존경해서 명예를 높여 주어야 한다. 하물며 현명하고 능력 있는 선비들을 구합에 있어서 이들을 그렇게 대우하지 않을 수 있겠는가? 현명한 인재는 나라의 보배이니 그들을 부유하고 귀하게 해 주고 명예를 높여 주어야 한다.

묵자의 목소리는 오늘날의 경영자들과 인사 담당자들이 새겨들어야 해. 구직자들에게 높은 스펙을 요구하려면 그에 맞는 합당한 급여를 제시해야지. 열악한 근무 환경과 낮은 임금을 열정으로 극복하라는 건 말이 안 되는 거야. 2,400년 전에도 이렇게 인재를 귀하게 여겼었다고.

남의 가족을 자기 가족처럼 여겨라

묵자는 중국 고대 철학의 역사에 매우 독특한 족적을 남긴 인물이야. 그는 철학자이자 기술자이자 외교가이며 반전 평화 운동가였어. 그러나 무엇보다 묵자는 "서로 사랑하라."라고 외쳤던 겸애兼愛의 실천가였지. 겸애는 '모든 사람을 차별 없이 사랑한다.'는 뜻이야. 예수가 나타나기 전, 그것도 무려 400여 년 전에 중국에 묵자가 나타나 이런 이야기를 했다는 것이 신기하지 않니?

그럼 『묵자』라는 책 4권에서 주장하는 묵 선생의 사랑 이야기를 들어 볼까?

혼란은 서로 사랑하지 않는 데서 생긴다. 자식이 저만 사랑하고 아버지를 사랑하지 않으면 아버지를 막 대하고 자신만 이롭게 한다. 동생이 저를 사랑하고 형을 사랑하지 않으면 형을 막 대하고 자신만 이롭게 한다. 신하가 자신을 사랑하면서 왕을 사랑하지 않으면 왕을 막 대하고 자신만 이롭게 한다. 이것이 바로 혼란이다.

천하의 도둑과 강도도 마찬가지다. 이들은 자신의 집은 사랑하면서 남의 집은 사랑하지 않는다. 그래서 남의 집 것을 훔쳐 자신의 집을 이롭게 한다. 도둑과 강도는 자신은 사랑하지만 남은 사랑하지 않는다. 그래서 남의 몸을 해치고 제 몸은 이롭게 한다. 대부는 저들의 가문은 사랑하면서 다른 가문은 사랑하지 않는다. 그러기에 다른 가문을 어지럽게 하고 자신의 가문은 이롭게 한다. 제후는 자기 나라는 사랑하면서 다른 나라는 사랑하지 않는다. 그러기에 다른 나라를 공격함으로써 자기 나라를 이롭게 한다.

만일 천하의 모두가 서로 사랑하여 남을 사랑하기를 제 몸 사랑하듯 한다면 어찌 불효하는 자가 있겠는가? 어찌 자비롭지 않은 아비와 임금이 있겠는가? 어찌 도적이 있겠으며, 어찌 남의 가문과 나라를 어지럽히는 대부와 제후가 있겠는가?

천하가 겸애한다면 나라와 나라는 서로 공격하지 않을 것이다. 가문과 가문은 서로 어지럽게 하지 않을 것이다. 도둑과 강도는 없어질 것이다. 왕과 신하, 아비와 아들은 모두 자비롭고 효성스러울 것이다. 이와 같이 된다면 천하는 태평하리라. 그러니 어찌 천하를 다스리는 성인이 악을 금하고 사랑을 권하지 않겠는가?

대단한 묵 선생! 그야말로 동양의 예수라고 할 만하지 않아? 그런데 묵자의 주장에 대해 "그걸 어떻게 실천하느냐?" 하고 묻는 사람들이 많았어. "어찌 남의 가족을 내 가족보다 더 사랑하느냐?"라거나 "내가 노나라 사람이니 제나라 사람보다 노나라 사람을 더 사랑하는 게 당연한 거 아니냐?"라고 말이야. (하긴 나도 일본 사람보다 한국 사람을 더 사랑해.)

묵자는 다음과 같은 예를 들었어.

"좋다. 여기 겸애하는 사람과 차별하는 사람이 있다고 하자. 겸애하는 사람은 남의 가족을 자기 가족처럼 여기는 사람이다. 차별하는 사람은 자기 가족만 위하고 남의 가족은 위하지 않는 사람이다. 만약 당신이 먼 외국에 사신으로 가야 해서 부모와 처자식을 맡겨야한다면, 겸애하는 친구에게 맡기겠는가, 차별하는 친구에게 맡기겠는가?"

오호! 묵자가 살아온다면 나에게는 이렇게 말할 것 같아.

"만약 당신이 일본에 가야 하는데 아이를 맡아 줄 보모가 필요하다. 여기 남의 아이를 자기 아이처럼 생각하는 일본 보모와 자기 아이만 좋아하고 남의 아이에게는 무관심한 한국 보모가 있다. 누구에게 아이를 맡기겠는가?"

내가 뭐라고 답할 수 있겠어? 한마디로 묵 선생이 날 묵사발을 낸 거야.

옛날부터 지금까지 쭉 흥청망청

묵자는 백성이 잘 살지 못하고 굶어 죽는 것은 모두 군주의 잘못이라고 말했어. 옛날의 어진 왕들은 먹는 것, 입는 것, 사는 곳, 공공의 일에도 모든 것을 아끼는 '절용節用' 정신을 적용했는데 묵자 시대의 왕은 의식주에 너무 많은 낭비를 한다고 지적하면서 이렇게 말했지.

옛날의 성인은 하루에 두 끼를 먹고, 한 끼에 밥 한 그릇 두 가지 반찬으로 족했는데 지금의 왕은 개고기에서 자라 고기에 이르기까지 수많은 반찬을 준비하게 하고 다 먹지 못해 쉬어 버릴 정도이다.

지금도 마찬가지야. 다 먹지도 못하고 버리는 음식물 쓰레기가 우리나라만 해도 1년에 수조 원어치나 돼. 묵자의 말대로 하루 두

끼를 먹고 한 끼에 밥 한 그릇 두 가지 반찬을 먹는다면 다이어트가 저절로 될 텐데 말이야. (음, 아무리 그래도 하루에 세 끼는 먹어야겠지? 특히 여러분은 성장기에 있으니 끼니는 거르지 말고 잘 챙겨.)

옛날의 성인은 몸을 보호하고 쾌적하게 지내기 위해 옷을 만들어 입었는데 지금의 왕은 화려한 무늬와 색으로 수놓은 비단으로 옷을 만들고 금과 옥으로 패물을 만들어 장식한다.

지금도 마찬가지지. 홈쇼핑이나 인터넷 쇼핑으로 입지도 않을 옷을 마구 사들이는 사람들이 너무 많아. 또, 한 벌에 수백만 원씩 하는 명품 옷이 백화점에 차고 넘쳐. 값비싼 시계나 가방, 장신구를 자랑하는 사람도 많지.

옛날의 성인은 가볍고 편리하게 배와 수레를 만들어 썼는데 지금의 왕은 무늬를 넣고 색깔을 입히고 조각으로 꾸민 배와 수레를 만든다. 이를 위해 백성 중 여자들은 길쌈할 시간에 불려 와 무늬를 만들고, 남자들은 밭을 갈 시간에 불려 와 조각을 한다.

지금도 마찬가지야. 이동 수단으로서가 아니라 자기 과시용으로 한 대에 수억 원씩 하는 자가용과 요트를 사는 사람들도 있어. 자동

차를 몇 대씩이나 사 모으는 부자도 있고 말이야.

옛날의 성인들은 편안한 잠자리를 위해 작은 집을 지어 만족했는데 지금의 왕은 백성에게 엄청난 세금을 거둬들여 호화로운 공사를 통해 궁궐을 짓는다.

지금도 마찬가지지. 심지어 자신의 호화 저택 인테리어를 위해 수십 억 원의 회삿돈을 쓰다 걸린 재벌도 있어. 그런데도 그는 감옥에 가지 않았어. 판사도 돈 많은 사람들 편이었기 때문이지.

옛날의 성인 역시 아끼는 여인들이 있었으나 조용히 궁에 두었는데 지금의 왕은 수백 수천 명의 여인을 궁에 두어 첩으로 삼는다. 이 때문에 나라에 결혼하지 못한 홀아비가 넘쳐 난다.

지금도 마찬가지야. 물론 똑같은 상황은 아니지만, 취업이 힘든 젊은이들, 열심히 일해도 집 한 칸 마련하기 힘든 서민들이 연애와 결혼마저 포기해 버리는 경우도 많아. 그래서 나라에 결혼하지 못한 사람들이 많지. 이거 왠지 묵 선생이 21세기 한국의 현실을 미리 내다보고 『묵자』를 쓴 것 같아 씁쓸하네……

묵자는 전쟁에 반대하는 평화주의자였어. 몇 가지 이유를 들어 전쟁에 반대했어.

첫째, 전쟁을 하려면 돈이 너무 많이 든다는 거야. 수레, 식량, 창과 칼 등의 무기며 갑옷 등을 마련하려면 수천 금이 드는데, 이 비용은 모두 백성의 세금으로 충당하게 되므로 전쟁이 잦으면 백성은 가난을 면할 길이 없다는 거지. 둘째, 전쟁을 하게 되면 남자들이 집을 지키지 못하고 전쟁터에 나가서 다치거나 죽게 돼. 이 때문에 인구가 줄게 되지. 이 사이에 부부가 만나질 못하니 자식을 낳을 수 없어 인구가 또 줄어들게 돼. 셋째, 남자가 전쟁에 나간 사이 여자들이 홀로

자식을 키우며 가정을 돌봐야 하니 힘이 든다는 거야. 넷째, 전쟁의 원인은 대개 왕이나 귀족들이 더 많은 땅을 차지하기 위한 욕심 때문이야. 그들이 바라는 것을 채우기 위해 수만 명의 백성이 희생해야 한다는 것은 말도 안 된다는 주장이지.

묵자는 세계 최초로 반전을 주장한 사상가였어. 그의 생각은 2,400년이 지난 지금도 유효해. 인간은 예나 지금이나 어리석어. 아무리 평화를 외치고 반전을 호소해도 여전히 싸움박질로 날을 새지. 전쟁은 줄지 않고 난민은 떠돌며 평화는 요원해. 왜 그럴까? 전쟁 때문에 이익을 얻는 자들이 있기 때문이지. 전쟁 무기를 만드는 다국적 기업들의 사장과 임원들, 전쟁 무기를 사들이며 이익을 보는 재벌과 거간꾼들, 이들과 관계된 석유 회사와 산유국의 왕족들, 무기 회사를 위해 일하는 정치인들, 테러 집단 등등……. 소수의 탐욕스러운 자들 때문에 너무 많은 사람들이 고통을 겪고 있어.

세상은 평화를 원하는 다수와 전쟁을 원하는 소수로 이루어져 있어. 평화는 그 무엇보다 소중한 것이기에 우리는 평화를 지키기 위해 최선의 노력을 다해야 해. 여러분이나 내가 직접 어떤 행동을 하지 못한다면, 평화를 지키기 위해 애쓰는 지도자 혹은 행동가를 지지하면 돼. 그것이 우리 의사를 표현하는 방법이니까.

묵자는 거짓말쟁이였어. 아니 고전을 소개하면서 그 책을 쓴 저자를 거짓말쟁이라고? 이 책을 읽으라는 거야, 말라는 거야? 이런 생각을 하겠지? 흥분하지 말고 여기 소개하는 『묵자』의 완역본 한 대목을 읽어 봐.

묵자의 문하에 신체가 건장하고 머리가 영특한 자가 있어 묵자는 자기를 따라 배우게 하려고 했다. 묵자가 말했다.

"잠깐만 배우면 나는 그대를 관리로 출사시켜 주겠소!"

좋은 말로 권유하여 배우게 되었고 일 년이 지나자 그는 묵자에게 출사시켜 줄 것을 요구했다. 묵자가 말했다.

"그대를 출사시키지 않겠다. 그대도 노나라 속담을 들었을 것이다. 노나라에 다섯 형제가 살았는데 그들 아버지가 죽었으나 큰아들은 술만 좋아하여 장사조차 지내려 하지 않았다. 그래서 넷째 아들이 형에게 말했다. '형과 내가 힘을 합쳐 장사를 지냅시다. 그러면 그 값으로 형에게 술을 사겠소.' 이처럼 좋은 말로 권유하여 장사를 지냈다. 장사가 끝나자 형이 아우에게 술을 사라고 요구했다. 넷째가 말했다. '나는 형에게 술을 살 수 없소. 형은 형의 아버지를, 나는 내 아버지를 장사 지냈을 뿐이오. 어찌 나 혼자만의 아버지겠소? 형이 장사를 지내지 않았으면 사람들은 형을 비웃었을 것이오.

그래서 형을 권유하여 장사를 지낸 것이오. 지금 형은 의를 행했고, 나 역시 의를 행했을 뿐 어찌 나 혼자 의롭게 되었소?' 그대가 배우지 않았다면 사람들은 그대를 비웃었을 것이오. 그래서 나는 그대에게 배우기를 권유했을 뿐이오!"[◆]

자, 봐. 묵자가 거짓말한 건 사실이잖아. 여기서 쓸데없는 질문을 좀 던져 볼까?

1. 묵자는 왜 거짓말로 제자를 속였을까?
2. 왜 노나라의 형제는 다섯 명이었을까?
3. 노나라 형제의 장남은 왜 술을 좋아했을까?
4. 장남이 반대하면 장사를 지내지 못하는 걸까?
5. 왜 하필 넷째 아들이 형을 설득했을까? 둘째, 셋째, 다섯째 아들은 뭘 했을까?

쓸데없는 질문들은 쓸데없기 때문에 답도 없음. 아, 진짜 또 이런 식으로 속이냐고? 묵자도 속이는데 나라고 속이지 말란 법 있어?

철학은 "도대체 왜 그런가?" 하고 묻는 것이야. 세상 사람들이 다

◆ 묵자, 기세춘 역저, 「묵자」, 바이북스, 2009, 883쪽

"이거다."라고 말할 때 "왜 이거냐?"라고 묻는 것이 철학이지. 세상 사람들이 모두 "옳다."라고 말할 때 "왜 옳으냐?"라고 묻는 것이 또한 철학이야. 그러므로 고전을 읽을 때도 항상 의문을 갖고 물어야 해. "묵자는 왜 그렇게 말했을까?"라는 질문을 던지면서 『묵자』를 읽는 거지. 앞의 쓸데없는 질문 역시 사실은 절대 쓸데없지 않아. 그런 질문을 던지면서 읽어야 제대로 고전을 읽었다고 할 수 있어. (앞의 다섯 가지 질문에 대한 답은 독자 여러분이 각자 알아서 찾을 것!)

때론 비유로, 때론 직접적으로

역사의 위대한 인물들은 대체로 비유를 들어 이야기를 했어. 묵자도 마찬가지였지. 배우려고 애쓰지 않고 가문 평계를 대는 제자에게 묵자는 비유를 들어서 말했어.

묵자가 제자들에게 말했다.
"너희는 왜 공부를 하지 않느냐?"
한 제자가 말했다.
"우리 가문은 대대로 배우질 않았습니다."
묵자가 말했다.
"그러면 안 된다. 여기 아름다워지고 싶은 사람이 있다면, 그 사람이 '우리 집안 사람들은 미인을 싫어해서 저도 싫어합니다.'라고 말하겠는가? 또 부귀를 바라는 사람이 '우리 가문은 대대로 부귀를 싫어해서 나도 부귀해지기 싫습니다.'라고 말하겠는가? 아름다워지고 싶고 부귀를 바라는 사람은 남이 뭐라 하든 오히려 그것을 위해 애쓸 것이다. 배워서 옳은 일을 하는 것이야말로 세상에서 가장 값진 사업이다. 어찌 남의 눈치나 보며 힘써 배우지 않는단 말인가?"

묵자는 당시 퍼져 있던 공자 사상에 대해서도 불만을 표시했어. 이번에는 돌려 말하지 않았지. 불만의 내용은 장례를 치르는 데 너무 많은 비용과 시간을 들인다는 거야. 묵자는 부모가 돌아가셨을 때 3년상을 지내는 것은 너무 심하다고 생각했어. 묵자가 기준으로 삼은 사람은 옛날의 성왕이야. 성왕은 요·순·우 임금을 말해. 모두 태평성대를 이끌었다는 중국의 전설적인 왕들이지. 그러나 이들이 역사적으로 실존했던 인물인지는 모호해. 묵자 당시에 요·순·우 임금에 대해서는 입에서 입으로 전해져 오고 있었는데, 이들을 이상적인 인간상으로 여기고 있었어.

묵자는 또 '옛날의 3대 성왕'이라는 표현도 하는데, 이들은 각각 B.C. 2000년경에 하나라를 세운 우왕, B.C. 1600년경에 은나라를 세운 탕왕, B.C. 1050년에 주나라를 건국한 '문왕과 무왕'을 뜻해. 문왕과 무왕은 부자지간인데, 한데 묶어 '문무왕'이라고 칭하기도 해. 엄밀히는 4대 성왕인데 흔히 3대 성왕이라고 표현하지. 3대 성왕은 모두 어질었고 덕과 의로움으로 나라를 다스렸어. 역시 대대로 중국인들의 존경을 받아 온 성스러운 존재야.

그렇다면 옛날의 성왕과 묵자 당시의 유학자들은 장례를 어떻게 치렀을까? 묵자는 "옛날의 성왕은 장례를 치르고 너무 오래 슬퍼하지 않도록 했으나 오늘날은 성대하게 장례를 지내고 오랫동안 상복을 입어 건강마저 해친다. 성대하게 장사 지내야만 부유하게 되고 평화로워질 수 있다면 그렇게 하는 것이 옳은 일이나, 그렇지 못하다면 이것은 옳지 못한 일이다."라고 주장했어. 그는 수의는 세 벌만 만들고 관은 너무 두껍지 않게 하며, 묘를 팔 때도 너무 깊지 않게 파는 등 절제된 장례를 치러야 한다고 말했어.

큰 나라가 작은 나라를 치는 게 지혜로운가?

초나라에 공수반이란 사람이 있었어. 그는 초나라 왕을 위해 성벽을 빠르게 오를 수 있는 군사용 사다리 '운제'를 만들어 송나라를 침략하려고 했어. 이 소식을 듣고 묵자는 송나라를 위해 초군의 침입을 막기로 결심하고 초나라로 가서 공수반을 만났지. 『묵자』「공수」편에는 두 사람의 대화가 실려 있어.

공수반: 선생은 무엇 때문에 먼 길을 오셨습니까?
묵자: 당신이 운제를 만들어 송나라를 치려 한다는데, 송나라에 무

슨 죄가 있소? 초나라는 땅이 넓고도 넓지만 송나라는 작은 나라요. 송나라 땅을 얻어도 초나라 땅은 크게 늘지 않소. 큰 땅을 가진 나라가 작은 땅을 가진 나라를 치는 것이 지혜롭다고 할 수 있소?

공수반: 지혜롭다 할 수 없습니다.

묵자: 초나라는 땅은 넓으나 백성의 수가 적소. 그런데 송나라를 쳐 사람을 죽인다면 송나라를 차지한다 한들 인구가 줄어들 텐데 이를 위해 전쟁을 하는 것이 지혜롭다고 할 수 있소?

공수반: 지혜롭다 할 수 없습니다.

묵자: 초나라도 죄가 없고 송나라도 아무 잘못이 없소. 죄 없는 나라가 잘못 없는 나라를 치는 것, 지혜롭다 할 수 있소?

공수반: 지혜롭다 할 수 없습니다.

묵자: 그렇다면 어찌하여 송을 공격하려는 계획을 멈추지 않는 것이오?

공수반: 이미 우리 왕에게 '송나라를 치겠다.'라고 말했기 때문입니다.

묵자: 초왕을 만나게 해 주시오.

묵자는 이번엔 초나라 왕을 만나서 설득해.

묵자: 여기 한 사람이 있습니다. 그는 무늬가 새겨진 멋진 수레를 버리고 이웃에 있는 낡아 빠진 수레를 훔치려고 합니다. 또 자기에게 있는 아름답게 수놓은 비단옷을 버리고 이웃집에 있는 해진 옷을 훔치려고 합니다. 좋은 쌀과 고기를 버리고 이웃집 부엌에 있는 술찌끼(술을 거르고 남은 찌꺼기)를 훔치려고 합니다. 이 사람은 어떤 사람일까요?

초왕: 미친 사람 아닙니까?

묵자: 초나라는 땅이 사방 5천 리이고 송나라는 땅이 사방 5백 리입니다. 왕께서 초나라의 넓은 땅을 두고 송나라의 좁은 땅을 탐내시니 좋은 수레를 버리고 낡은 수레를 얻으려는 사람과 무엇이 다릅니까? 초나라 숲에는 물소와 고라니와 사슴이 가득하고 강에는 물고기와 자라와 악어가 많습니다. 송나라는 토끼와 붕어도 별로 없습니다. 그런데도 왕은 송나라를 탐내시니 이 또한 쌀과 고기를 술찌끼와 바꾸려는 것과 무엇이 다릅니까? 초나라는 크나큰 수목이 무성하나 송나라에는 키 큰 나무가 별로 없습니다. 그럼에도 송나라를 얻으려는 것은 수놓은 비단옷을 두고 짧고 해진 옷을 얻으려는 것과 무엇이 다릅니까? 왕께서 송나라를 친다면 잃을 것은 의로움이요, 얻을 것은 없습니다.

초나라 왕은 묵자에게 설득되었으나 "공수반은 이미 준비를 했소.

그를 이겨 보시오."라고 말했어. 초왕 앞에서 공수반과 묵자는 모의 전쟁을 벌였어. 공수반이 묵자의 모형 성을 아홉 번 공격했으나 묵자는 모두 막았지. 그러자 공수반도 굴복하고, 결국 송나라 침략을 포기했어.

이외에도 『묵자』에는 묵 선생의 종횡무진하는 활약상과 독특하고 재미있는 이야기가 가득해. 여러분이 『묵자』를 찾아서 한번 읽어 보면 좋을 거야. 그러지 않으면 이 책을 읽은 수고가 도루묵이 되고 말 테니.

『고문진보』

동양 시와 산문의 보물 창고

보물 같은 글로 말하는 '닥치고 공부'

장안성 남쪽에서 공부하고 있는 아들 부에게

나무가 둥글거나 네모나게 깎이는 것은

장인과 목수의 손에 달려 있고

사람이 사람답게 되는 것은

뱃속에 시서(『시경』과 『서경』 같은 책들)가 있느냐에 달려 있다.

시서를 공부하면 곧 너의 것이 되지만

공부하지 않으면 머리가 빈다.

배움의 힘을 알려면 보라.

사람이 처음엔 똑똑하고 어리석음에 차이가 없다.

두 집에서 각각 아들을 낳았다.

어릴 적엔 그리 다르지 않다.

어린이 시절엔 물고기처럼

떼 지어 몰려다니며 같이 뛰어논다.

열두세 살 때부터 두각頭角을 나타내는데

스물에 이르면 점점 틈이 더 벌어져

하나는 맑은 냇물, 다른 이는 더러운 도랑이 된다.

서른 살이 되면 뼈대가 이루어져
하나는 용, 하나는 돼지가 된다.
누구는 신비로운 말을 타고 내달리는데
누구는 두꺼비가 되어 꽥꽥거린다.

한 사람은 나라의 재상이 되어
크고 깊은 저택에서 지내고
한 사람은 말을 모는 졸개가 되어
등을 채찍으로 맞아 구더기가 끓는다.

네게 묻노니
무슨 까닭으로 이렇게 되었느냐?
배우고 배우지 않은 차이 때문이지.

금이나 옥은 귀한 보배지만
쉬이 쓰게 되어 간직하기 어렵다.
학문은 몸에 간직하는 것이니
몸만 있으면 써도 남음이 있다.
군자가 되고 소인이 되는 것은
부모에게 달려 있는 것이 아니란다.
너는 보지 못했느냐?

농사짓던 사람이 공경재상(높은 벼슬아치)이 되고
삼공(중국에서 황제를 보좌하던 높은 세 벼슬)의 후손들이 헐벗고 굶주
리는 것을.

때는 가을이라 장마 그치고
등불을 더 가까이할 수 있는 계절
책을 펼쳐 독서할 만하다.
너를 염려하는 마음으로 이 글을 보낸다.

중국 당나라의 문인 한유(768년~824년)가 당시 서울인 장안에서
유학 중인 아들에게 보낸 편지야. 위 글 중 '등불을 가까이 할 수 있
다.'라는 뜻의 등화가친燈火可親이란 말은 그대로 사자성어가 됐어.
(유명한 사람들이 편지를 쓸 때마다 후대의 학생들이 외워야 할 사
자성어가 늘어나는 법이지.)

이런 글을 읽고도 공부를 하지 않으면 불효자겠지. 아들 부는 아버
지의 기대를 저버리지 않고 열심히 공부했어. 한유는 "닥치고 공부
해라!" 하지 않고 스토리텔링 기법을 썼지. 그래야 편지를 끝까지 읽
을 테니까 말이야.

『고문진보』는 '오래된 글 중 진짜 보물'이란 뜻이야. 대단한 제목
이지. 이 책은 누가 언제 지었는지 이견이 많지만, 학자들은 대체로
송나라 때 황견이란 사람이 엮었다고 보고 있어. 200여 편의 시를

모은 전집前集과 130여 편의 산문을 모은 후집後集
이 있는데, 여기선 전집의 일부분만 소개
할게.

조선의 대학자 퇴계
이황은 그의 책 『언
행록』에 이렇게 썼어.

"사람들은 시를 공
부하기 위하여 『고문진
보』를 보통 600번씩이나 읽으면
서 암송하는데, 나도 몇백 번을 읽고 암송하게 되었고, 그 뒤로는 한
결 시를 쉽게 지을 수 있었다."*

우리 선조들은 한시를 몇백 번씩이나 읽고 외우면서 공부했구나!
한 열 번쯤 읽고 외우려는 건 양심 없는 짓이네. 보통 600번은 읽고
암송해야 "공부 좀 했다."라고 할 수 있는 거였어.

송나라 3대 황제 진종(968년~1022년)은 이런 시를 썼어.

부자가 되려고 좋은 밭을 사지 마라.
책 속에 많은 양의 곡식이 있나니.

---

* 황견 엮음, 장세후·이장우·우재호 옮김, 『고문진보 전집』, 을유문화사, 2007, 30쪽

편히 지내려고 높은 집을 짓지 마라.

책 속에 황금으로 된 집이 있나니.

문밖으로 나서면서 따르는 이 없다 마라.

책 속에 수레와 말이 하나 가득하나니.

결혼하려는데 좋은 소개 없다 마라.

책 속에 얼굴이 옥 같은 여인이 있나니.

남아가 큰 뜻을 펼치려 한다면

창 앞에서 육경을 부지런히 읽어야 하리.

육경은 한나라 때 학자들이 정한 '꼭 읽어야 할 여섯 가지 책'이야. 『시경』, 『서경』, 『역경(주역)』, 『예기』, 『악경』, 『춘추』를 말해. 『악경樂經』은 음악에 대한 책이었는데, 지금은 전해지지 않아. 예에 대한 글과 그 외의 잡다한 글을 모아 놓은 『예기』 속에 「악기」라는 이름으로 일부 남아 있지. 육경에서 『악경』이 빠지고 오경이 되어서 '사서오경'이라고 불렀고, 여기서 다시 '사서삼경'으로 줄어들었지.

그런데 공부하라고 충고하는 시를 썼던 진종 황제는 공부를 많이 했을까? 젊어서는 공부를 좀 했지만, 나중에는 북쪽의 강자 거란족이 두려워 그들에게 매년 막대한 물자를 보내고 궁전을 화려하게 지은 데다가 도교에 빠져 사원을 건립하느라 세금을 탕진했어. 쯧쯧, 본인이야말로 경제 공부 좀 하지.

　　『삼국지』에 나오는 조조에게 글을 잘 쓰는 두 아들이 있었어. 첫째 조비와 셋째 조식이었지. 조식은 천재적인 시인이어서 조조의 사랑을 받았어. 그래서 조식을 후계자로 삼으려고 했지. 그런데 조조가 중요한 전투에 나가기 전, 조식은 승리를 기원하는 시를 지어 바쳤고 조비는 그저 눈물을 흘릴 뿐이었어. 이때 조조는 마음을 바꾸지. '아, 조비가 저리도 인정이 많았단 말인가. 어진 조비에게 군주의 자리를 물려줘야겠다.' 하면서 말이야. 사실은 그게 다 쇼였던 걸 모르고……. 조조가 죽고 나서 조비가 왕이 되었는데 조식을 따르는 사람이 많았어. 조비는 조식을 없애려고 궁으로 불러 말했지.

　　"네가 시를 잘 짓는다 하니, 일곱 걸음 안에 시를 지어 봐라. 그 시가 시원치 않으면 너는 죽은 목숨이다."

　　조식은 이 말을 듣고 저 유명한 '칠보시七步詩'를 지었어.

煮豆燃豆萁　자두연두기　콩을 삶으려고 콩줄기를 태우네.

豆在釜中泣　두재부중읍　콩은 솥 속에서 울고 있구나.

本是同根生　본시동근생　본래 같은 뿌리에서 나왔는데

相煎何太急　상전하태급　어찌 이리 심히 들볶는가?

　　만약 이 시를 천재 시인 조식이 아닌 대한민국의 평범한 14살 청소년이 지었다면 이런 시가 되었을 거야.

나를 죽이려고 너는 애태우네
나는 마음속으로 울고 있다.
너나 나나 같은 어머니가 낳았는데
왜 이리 못 잡아먹어 난리야?

당나라의 이백(701년~762년)은 두보(712년~770년)와 함께 중국을 대표하는 시인이야. 이태백이라고도 불러. 흔히 이백은 시선詩仙(신선 같은 시인), 두보는 시성詩聖(성인 같은 시인)이라고 하지. 두 사람은 열한 살 차이가 났지만 친구처럼 지냈고, 서로를 위한 시를 남기기도 했어. 하지만 둘은 상반된 인생을 살았고, 성격도 아주 달랐어. 시에서도 이런 차이가 드러나지. 이백은 풍류를 즐겼고, 주로 왕족과 어울렸어. 두보는 잠시 관직에 있었지만 일생을 가난하고 불우하게 보냈지.

이백은 술을 좋아해서 이런 시를 남겼어.

만약 하늘이 술을 좋아하지 않는다면
주성酒星이란 별이 하늘에 있지 않으리.
땅이 만약 술을 좋아하지 않는다면
주천酒泉이란 지명이 있지 않으리.

하늘과 땅이 모두 술을 좋아하니
술을 좋아해도 하늘에 부끄럽지 않노라.

두보 역시 뛰어난 시를 많
이 남겼는데 자신이 불행한
인생을 보내서인지, 어려운
백성에 대한 시를 꽤 많이
썼어.

이 세상에 하늘과 별과 술과
나뿐이로구나!

날 저물어 시골 마을에 머무는데
관리가 밤중에 사람을 잡으러 왔다.
늙은 영감은 담장 넘어 도망가고
할멈이 문밖에서 관리를 맞네.
관리의 호통 소리 어찌 저리 노했나?
할멈의 울음소리 어찌 저리 괴로운가?
할멈이 앞에 나아가 하는 말 들으니
"세 아들이 전방에 끌려가 군인이 되었는데
첫째가 편지를 보내왔다오.
두 자식이 며칠 전 전사했답니다.
산 사람은 또 어찌 살아가겠지만
죽은 아들은 영영 만날 수 없다오.

집 안에 다른 사내 없고

젖 먹는 어린 손자뿐이오.

손자가 있어 이 어미는 가지 못했으나

나갈 때 입을 치마 하나 없다오.

내 비록 늙어 기운이 없지만

나리 따라 전방에 가오리다.

싸움터에 이르면 아침밥은 해 드릴 수 있으리니."

밤 깊어 이야기는 그쳤으나

들리는 것은 흐느껴 우는 소리.

어지러운 당나라 시절 이야기야. 서기 755년 안녹산의 난이 일어나 관군과 반란군이 서로 싸웠어. 이 때문에 나라에서는 젊은이든 늙은이든 전쟁터로 끌고 가 부역을 시켰지. 말하자면 월급도 안 주고 부려 먹는 거야. 두보의 시에 나오는 할머니는 세 아들이 모두 부역에 끌려갔고 그중 두 아들이 죽었어. 그런데도 관리는 다시 와서 할아버지를 끌고 가려고 하는 거야. 할아버지는 냅다 도망을 쳤지. 관리는 할머니에게 "네 남편은 어딜 갔느냐!" 하고 큰소리치지. 어휴, 나쁜 놈! 할머니는 할 말이 없어 그저 읍소할 뿐이야. 옆방에서 자고 있던 두보가 이 내용을 시로 남긴 거야.

당나라 시인 백거이(772년~846년)는 당현종과 양귀비의 사랑을 읊은 '장한가'로 유명해.

칠월 칠 일 장생전에서

깊은 밤 아무도 모르게 한 약속

하늘에 다시 태어나면 비익조가 되고

땅에 다시 살면 연리지가 되리라.

높은 하늘 넓은 땅 다할 때 있으련만

이내 한은 이어져 그칠 날 없으리.

장생전은 현종과 양귀비가 머물던 궁전이야. 이곳에서 둘이 사랑을 나누면서 다시 태어나도 비익조, 연리지가 되자며 속삭였다는 뜻이지. 비익조는 둘이 하나로 합쳐져야 날 수 있다는 새이고, 연리지는 뿌리가 연결되어 있다는 나무야. 둘 다 영원한 사랑을 상징하지.

백거이는 사랑 시만 쓴 것이 아니라 사회를 비판하는 시도 썼어. 백거이는 한때 왕의 잘못을 지적하는 벼슬자리에 있었어. 『고문진보』에는 왕에게 신하의 말을 잘 듣고 마음을 다스리라는 시가 실려있지. 왕이 지조 없이 이랬다저랬다 하면 신하뿐 아니라 백성이 괴로워지니까 말이야.

태항산 오르는 길 험하다지만

그대의 마음에 비하면 평탄하도다.

무협의 물길 배를 뒤집는다지만

그대 마음에 비하면 잔잔하도다.

좋았다 싫었다 항상 바뀌니

길을 가는 어려움은 산보다 어렵고 물보다 험하다.

그대는 보지 못하는가?

왼쪽의 납언, 오른쪽의 내사 (납언과 내사는 모두 관직 이름)

아침에 은총을 받다 저녁에 죽는 것을.

살기가 어려운 이유는

산 때문도 물 때문도 아니고

오직 인정이 이랬다저랬다 하기 때문이네.

『고문진보』에는 작지기 알려지지 않은 시인의 작품도 있어. 이 시는 누가 썼는지 모르지만 중국판 카르페디엠Carpe diem('지금 이 순간에 충실하라'라는 뜻의 라틴어)의 원조 격이라고 할 수 있어.

백 년도 못 살면서

천년의 걱정을 하네.

낮은 짧고 밤이 길어 괴로우니

어찌 촛불 밝히고 놀지 않으리.

즐거움은 제때에 누려야 마땅하지.

어찌 내일로 미룰 수 있으리.

바보만이 노는 데 쓰는 돈을 아끼나니

그랬다간 세상의 웃음거리가 되리.

백 년도 못 살면서 천년의 걱정을 하는 게 인간이니, 어리석어라. 오늘 놀 일을 내일로 미루지 마라! 작자 미상이라지만 정말 통쾌하지? 자, 그럼 이제 책을 덮고 놀러 나가 볼까?

참고한 책

1. 『사기』

사마천, 김영수 옮김, 『완역 사기 본기』 1·2, 알마, 2010·2012

사마천, 김원중 옮김, 『사기 세가』, 민음사, 2010

사마천, 김원중 옮김, 『사기 열전』 1·2, 민음사, 2015

사마천, 신동준 옮김, 『완역 사기 세가』, 위즈덤하우스, 2015

2. 『열국지』

유재주, 『평설 열국지』 전13권, 김영사, 2001

카렌 암스트롱, 정영목 옮김, 『축의 시대』, 교양인, 2010

풍몽룡, 김구용 옮김, 『동주 열국지』 전12권, 솔출판사, 2015

풍몽룡, 김영문 옮김, 『동주 열국지』 전6권, 글항아리, 2015

3. 『논어』

김용옥, 『논어 한글역주』 전3권, 통나무, 2008

임어당, 김영수 옮김, 『공자의 유머』, 아이필드, 2010

명로진, 『논어는 처음이지?』, 세종서적, 2017

사마천, 김원중 옮김, 『사기 세가』, 민음사, 2010

4. 『맹자』

남회근, 설순남 옮김, 『맹자와 공손추』, 부키, 2014

맹자, 박경환 옮김, 『맹자』, 홍익출판사, 2005

이기동 옮김, 『맹자강설』, 성균관대학교출판부, 2005

5. 『장자』

명로진, 『장자가 묻는다 누구냐? 넌!』, 상상비행, 2013

스티븐 호킹, 김동광 옮김, 『그림으로 보는 시간의 역사』, 까치, 1998

신영복, 『강의』, 돌베개, 2004
장자, 김창환 옮김, 『장자 내편』·『장자 외편』, 을유문화사, 2010
장자, 김학주 옮김, 『장자』, 연암서가, 2010
장자, 오강남 옮김, 『장자』, 현암사, 1999
최진석, 『생각하는 힘, 노자 인문학』, 위즈덤하우스, 2015
토마스 머튼, 권택영 옮김, 『토마스 머튼의 장자의 도』, 은행나무, 2004

6. 『한비자』

한비, 김원중 옮김, 『한비자』, 글항아리, 2010
한비, 이운구 옮김, 『한비자』, 1·2, 한길사, 2002
한비, 임동석 옮김, 『한비자』 전 5권, 동서문화사, 2013

7. 『삼국유사』

일연, 김원중 옮김, 『삼국유사』, 민음사, 2008
일연, 이민수 옮김, 『삼국유사』, 을유문화사, 2013

8. 『예기』의 『학기』 편

권오돈 역해, 『예기』, 홍신문화사, 1990
김용옥, 『대학·학기 한글역주』, 통나무, 2009
이상옥 역저, 『예기』 상·중·하, 명문당, 2003

9. 『묵자』

묵자, 권오석 역해, 『묵자』, 홍신문화사, 1994
묵자, 기세춘 역저, 『묵자』, 바이북스, 2009

10. 『고문진보』

황견 엮음, 장세후·이장우·우재호 옮김, 『고문진보 전집』, 을유문화사, 2007

14살에 시작하는
처음 동양 고전

1판 1쇄 발행일 2019년 5월 9일 | **1판 2쇄 발행일** 2020년 6월 22일

글쓴이 명로진 | **그린이** 서은경 | **펴낸곳** (주)도서출판 북멘토 | **펴낸이** 김태완

편집장 이미숙 | **편집** 김정숙 | **디자인** 책은우주다, 안상준 | **마케팅** 최창호, 민지원

출판등록 제6-800호(2006. 6. 13.)

주소 03990 서울시 마포구 월드컵북로 6길 69(연남동 567-11), IK빌딩 3층

전화 02-332-4885 | **팩스** 02-332-4875 | **이메일** bookmentorbooks@hanmail.net

페이스북 https://www.facebook.com/bookmentorbooks

ⓒ 명로진·서은경, 2019

ISBN 978-89-6319-298-7　43140

「이 도서의 국립중앙도서관 출판시도서목록(CIP)은 서지정보유통지원시스템 홈페이지(http://seoji.nl.go.kr)와
국가자료공동목록시스템(http://www.nl.go.kr/kolisnet)에서 이용하실 수 있습니다.(CIP제어번호: CIP2019014976)」